Pensa di avere un parente che si sposa e vorrebbe il filmino di tre ore e con piani sequenza di mezz'ora.

Uno zio che sta aprendo un'attività e vorrebbe "aggratis" o con "scambio di visibilità" un video promo.

Nel frattempo ti sei comprato una mirrorless perchè "hey, arrotondo e mi pago le vacanze" però non hai idea di quello che stai facendo.

No il tasto "AUTO" non vale.

Il vuoto cosmico ti assale perchè hai visto veramente tanti, troppi tutorial su youtube ma non riesci a dare un senso alle tante informazioni.

Vuoi quindi dare un ordine al manicomio di idee che ti sei fatto in testa.

Bene, potrei aiutarti, forse.

Oppure sei un caso diverso, come ad esempio un appassionato fotografo che vorrebbe lanciarsi sul video, ha tante informazioni in testa ma non sa come metterle in ordine.

Anche qui potrei aiutarti.

Ciò che proverò a fare, sarà trasformarti in un "cugino" vero, quello che smetterà probabilmente di fare lavori gratuitamente perchè ora le cose le sa fare con cognizione, o per lo meno ci prova.

Se poi continuerai a non saper fare nulla, almeno avrai appreso che cos'è un piano sequenza.

IL CUGINO VIDEOMAKER

A cura di
Alexander de Pisa

PRIMA EDIZIONE_BOZZA_DEF_ DEFDAVVERO_OKCLIENTE_OKCLIENTEEEEEEEE
APRILE 2024 – VERSIONE AMAZON

NEL DUBBIO
SMARMELLA TUTTO
E LA
FAREMO
COME SEMPRE,
A CAZZO DI CANE.

René Ferretti - Boris

INDEX

PHOTO

GRAPHY.

"Mi raccomando fammi uscire bella"

Apertura, Shutter Speed (Velocità Otturatore), ISO.
Queste tre impostazioni sono i fondamentali. Sono la chiave
per comprendere come controllare l'esposizione in
fotografia. Padroneggiare questo step ti porterà ad
abbandonare il fatidico "Automatico" nella ghiera dei
settings e a bandirlo per sempre.

APERTURA DEL DIAFRAMMA

L'apertura del diaframma regola la quantità di luce che
entra nella fotocamera. Viene misurata in f-stop (ad
esempio f/2.8, f/5.6, ecc.) dove un numero più basso indica
un'apertura più ampia. Guarda sul dorso della tua lente,
vedrai dei valori simili a quelli presi in esempio, quello che
vedrai sarà il grado di luminosità della tua lente, la sua
massima apertura. Se hai tra le mani un f/1.4 ti divertirai
molto, se ne hai una da f/5.1 o simile, usala come
fermacarte, non mi ringrazierai mai abbastanza.

EFFETTO DELL'APERTURA SULLA PROFONDITÀ DI CAMPO:

Una grande apertura (f-stop più basso) crea una
profondità di campo ridotta, sfocando lo sfondo e mettendo
in risalto il soggetto principale.
Al contrario, una piccola apertura (f-stop più alto) aumenta
la profondità di campo, mantenendo più dettagli a fuoco.

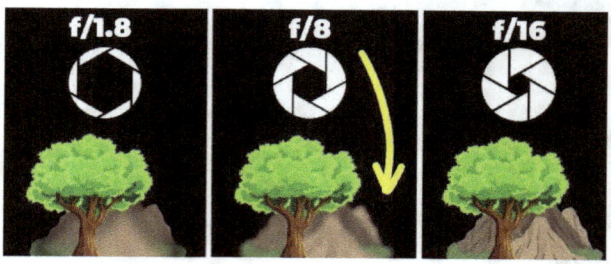

VELOCITÀ DELL'OTTURATORE

La velocità dell'otturatore controlla per quanto tempo il sensore della fotocamera viene esposto alla luce.
È misurata in frazioni di secondo (ad esempio, 1/500, 1/60, 1").
In Video, lo standard è di 1/50 con le sue regole ed eccezioni, ma lo vedremo più avanti.

CONTROLLO DEL MOVIMENTO

Una velocità dell'otturatore più veloce congela il movimento, ideale per soggetti in movimento rapido. Una velocità più lenta può creare effetti di mosso, utili per esprimere il movimento.
"Giocando" con la velocità dell'otturatore è possibile utilizzare tecniche di fotografia come la "lunga esposizione" o "il panning".

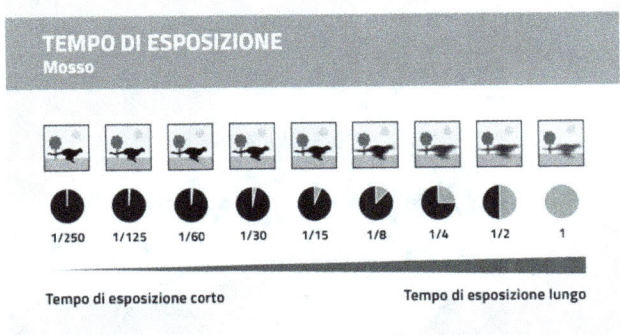

TEMPO DI ESPOSIZIONE
Mosso

| 1/250 | 1/125 | 1/60 | 1/30 | 1/15 | 1/8 | 1/4 | 1/2 | 1 |

Tempo di esposizione corto   Tempo di esposizione lungo

SENSIBILITÀ ISO

L'ISO misura la sensibilità del sensore alla luce. Un ISO più alto rende il sensore più sensibile alla luce, ma aumenta anche il rumore nell'immagine.

ESEMPIO DI GESTIONE DELLA LUMINOSITÀ:

Un ISO più alto è utile in condizioni di scarsa luminosità, consentendo di scattare foto senza dover utilizzare tempi dell'otturatore troppo lunghi o apertura ampia. Tuttavia, un ISO più alto può introdurre rumore nell'immagine, riducendo la qualità complessiva.

Un'ampia apertura e una lenta velocità dell'otturatore fanno entrare più luce in camera, permettendo di tenere gli ISO più bassi, allo stesso tempo però potrebbe sfocarti eccessivamente l'immagine riducendo la profondità di campo oppure creare dei mossi (in fotografia).

Immagina questi tre fattori come una coperta corta: tirando da una parte qualcosa rimane scoperto dall'altra. Bisogna decidere sempre in base allo scopo, situazione e attrezzatura le migliori impostazioni possibili per raggiungere lo scopo.

Aumentare l'ISO rende l'immagine più luminosa senza dover modificare l'apertura del diaframma o la velocità dell'otturatore. Questo è utile in condizioni di scarsa illuminazione o quando si desidera evitare tempi dell'otturatore troppo lenti o aperture troppo ampie.

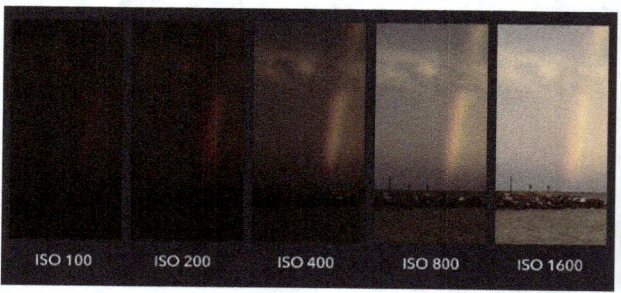

ISO 100   ISO 200   ISO 400   ISO 800   ISO 1600

L'EFFETTO DEL RUMORE

Un aumento dell'ISO può introdurre *rumore* nell'immagine. Il rumore è una sorta di grana o puntini visibili che deteriorano la qualità dell'immagine. Questo è più evidente a ISO più alti, specialmente nelle fotocamere con sensori più piccoli o in condizioni di scarsa illuminazione.

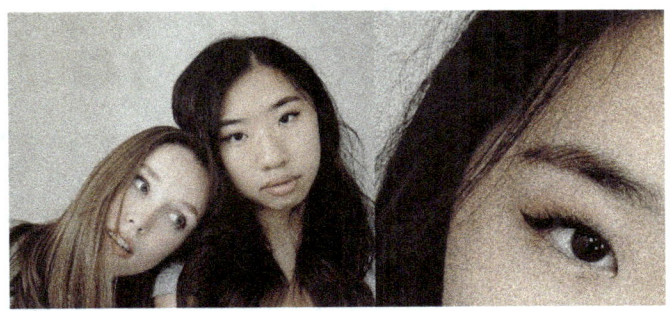

SCELTA DELL'ISO APPROPRIATO:

Utilizzare un ISO basso (come 100 o 200) per ottenere immagini con meno rumore quando si dispone di una buona illuminazione.

In condizioni di scarsa illuminazione o quando si desidera congelare il movimento senza modificare l'apertura o la velocità dell'otturatore, aumentare l'ISO (ad esempio, 800, 1600 o più) può essere necessario. Tuttavia, è importante bilanciare l'aumento dell'ISO con la gestione del rumore.

CONCLUSIONE:

Modalità manuale: Utilizzando la modalità manuale sulla fotocamera, è possibile controllare manualmente questi tre elementi per ottenere l'esposizione desiderata. In caso contrario la macchina interpreterà le condizioni ambientali per tirare fuori il miglior scatto possibile, secondo lei.

Bilancio delle impostazioni: È importante bilanciare apertura, velocità dell'otturatore e ISO per ottenere l'esposizione corretta. Ad esempio, se si vuole una profondità di campo ridotta (ampia apertura), potrebbe essere necessario regolare la velocità dell'otturatore o l'ISO per compensare la quantità di luce (oppure utilizzare un filtro ND in casi estremi).

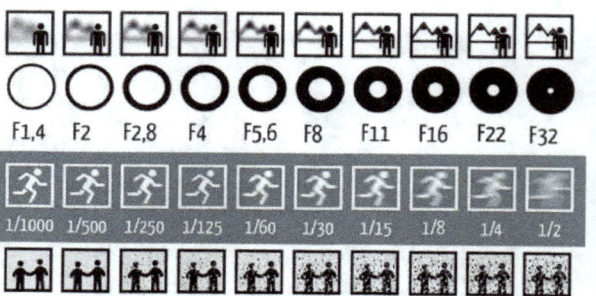

Lo schema qua sopra andrebbe stampato e portato sempre con sé perché spiega perfettamente il concetto della triade e il risultato espresso in valori.

Il diaframma con le sue varianti: completamente aperto f/1.4 - soggetto nitido su sfondo sfuocato. Più si chiude il diaframma, f/4, f/5,6 etc., più aumenta la profondità di campo: oltre al soggetto anche lo sfondo viene registrato progressivamente sempre più nitido.

Al centro, il tempo di scatto. Più il tempo di scatto è veloce (1/1000), più il soggetto in movimento risulterà nitido, più il tempo di scatto è lento (½ sec.) più il soggetto in movimento risulterà mosso. In basso, la sensibilità ISO. Più gli ISO sono bassi (a sinistra) più l'immagine risulterà nitida; più gli ISO sono alti, a destra, più l'immagine risulterà rumorosa (noise). La soglia del rumore dipenderà molto anche dal tipo di fotocamera.

FOTOGRAFIA - TIPI DI FOTOCAMERE E LENTI

FOTOCAMERE DSLR-REFLEX:

Le Reflex sono caratterizzate dal mirino ottico che riflette l'immagine attraverso un sistema di specchi. Inoltre consentono l'intercambiabilità delle lenti, offrendo una vasta gamma di opzioni per adattarsi a diversi tipi di fotografia. Solitamente apprezzate per la loro qualità delle immagini, durabilità e velocità di scatto.

FOTOCAMERE MIRRORLESS:

Le mirrorless non hanno il sistema di specchi tipico delle DSLR, il che le rende più compatte e leggere.
Utilizzano un mirino elettronico o lo schermo LCD per

visualizzare l'immagine.
Offrono registrazioni video di ottima qualità e oramai molti modelli sono incentrati in prevalenza sul lato videografico. Inoltre, presentano funzionalità innovative come il rilevamento del fuoco in tempo reale.

FOTOCAMERE COMPATTE:

Sono piccole, leggere e facili da trasportare. Dotate di lenti integrate, non ne permettono l'intercambiabilità come le DSLR o le mirrorless. Ottimali per scatti di tutti i giorni e viaggi, ma possono avere limitazioni in termini di controllo manuale e qualità dell'immagine rispetto alle DSLR e mirrorless.

TIPI DI LENTI

GRANDANGOLO:

Offrono un'ampia prospettiva, ideali per paesaggi, architettura e scatti in spazi ristretti. Consentono di catturare più del campo visivo normale.

TELEOBIETTIVO:

Avvicinano il soggetto, consentendo di catturare dettagli da lontano. Ottimi per la fotografia di sport, natura, ritratti ravvicinati. La messa a fuoco risulta molto sensibile e solitamente sono lenti pesanti e ingombranti.

MACRO:

Sono progettate per la fotografia ravvicinata di oggetti molto piccoli, come fiori, insetti o dettagli. Consentono una messa a fuoco ravvicinata con un alto livello di dettaglio.

LENTI FISSE E ZOOM:

Qui si entra in due scuole di pensiero differenti.
In sostanza le lenti fisse hanno una lunghezza focale fissa e solitamente offrono una qualità dell'immagine superiore e aperture più ampie. Inoltre, sono lenti molto luminose.
Le lenti zoom, invece, offrono un'ampia gamma di lunghezze focali variabili, offrendo più versatilità.

FOTOGRAFIA – I SENSORI

I sensori rappresentano una componente fondamentale delle fotocamere digitali e la loro dimensione e tipologia influenzano direttamente la qualità delle immagini.

FULL-FRAME:

Questi sensori hanno le stesse dimensioni di un fotogramma di pellicola 35mm (circa 36x24mm).
Offrono una migliore sensibilità alla luce e una maggiore gamma dinamica rispetto ai sensori più piccoli.
Avendo maggiore superficie, la luce riflette su uno spazio più ampio, permettendo una qualità maggiore di immagine in condizioni di scarsa luce rispetto ad un sensore APS-C.

APS-C:

Sono più piccoli dei sensori full-frame, con dimensioni di circa 22x15mm.
Comuni nelle fotocamere DSLR e mirrorless di fascia media, offrono una buona qualità delle immagini senza le dimensioni o i costi dei sensori full-frame.

MICRO QUATTRO TERZI:

Utilizzati principalmente nelle fotocamere mirrorless Olympus e Panasonic.
Dimensioni di circa 17x13mm.

SENSORI PIÙ PICCOLI (1 POLLICE O INFERIORI):

Comuni nelle fotocamere compatte o nelle action cam.
Possono mostrare prestazioni inferiori in condizioni di
scarsa luminosità rispetto ai sensori più grandi.

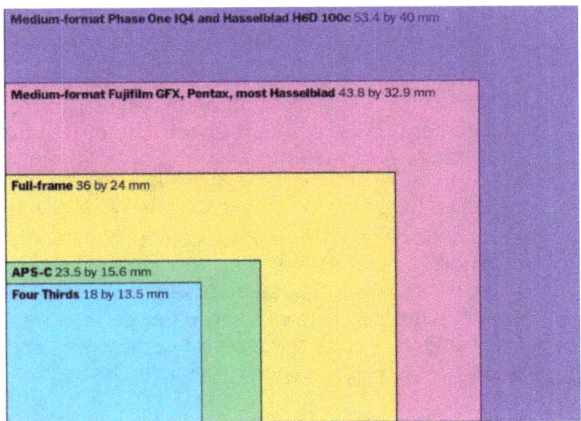

DIFFERENZE E CONSIDERAZIONI

QUALITÀ DELL'IMMAGINE:

I sensori più grandi, come i full-frame, tendono a
produrre immagini di alta qualità con migliori prestazioni in
condizioni di luce ridotta e una maggiore capacità di
catturare dettagli.

PROFONDITÀ DI CAMPO:

Sensori più grandi permettono una maggiore sfocatura
dello sfondo (effetto bokeh) rispetto ai sensori più piccoli,
specialmente a parità di apertura dell'obiettivo.

DIMENSIONI E PESO:

Fotocamere con sensori più piccoli tendono ad essere più
compatte e leggere, rendendole più portatili e pratiche per
viaggi o uso quotidiano.

COSTI:

Fotocamere con sensori più grandi, come i full-frame, tendono ad essere più costose rispetto a quelle con sensori più piccoli.

IMPORTANZA DELLA SCELTA DEL SENSORE

La scelta del sensore dipende dall'uso previsto della fotocamera, dalle esigenze specifiche di fotografia e dalle preferenze personali.
I sensori più grandi sono spesso preferiti da fotografi/videografi professionisti o appassionati che cercano la massima qualità e controllo sull'immagine, ma dipende sempre dallo scopo.
I sensori più piccoli possono essere una scelta più pratica e conveniente per i principianti o per coloro che cercano una fotocamera più compatta senza compromettere troppo la qualità. Anche qui, dipende sempre dallo scopo.

È possibile mettere nel proprio asset solo sensori APS-C, o una combo di FF e APS-C. Bisogna sempre ragionare sul fatto di *"cosa ci devo fare?"*

Partiamo dal presupposto che tutte le macchine hanno *una modalità di esposizione automatica e manuale*. L'automatica può variare totalmente ogni singolo parametro oppure intervenire solo su qualche frangente. Anche se il mio scopo è quello di non farti mai usare queste modalità, spendo comunque qualche parola per spiegare cosa possono fare le varie modalità in un discorso generico (senza entrare nello specifico delle macchine).

AUTO (P)

La fotocamera regola automaticamente apertura e velocità dell'otturatore per ottenere l'esposizione corretta. L'utente può modificare altre impostazioni come l'ISO o l'esposizione compensata. Si può impostare anche l'ISO in automatico, ma tanto vale filmare con uno smartphone.

MODALITÀ SCENA (SCN)

Sono preimpostazioni ottimizzate per situazioni specifiche (paesaggi, ritratti, sport, notturni, ecc.).

DIAFRAMMA PRIORITARIO (AV O A)

Permette di impostare manualmente l'apertura del diaframma mentre la fotocamera regola automaticamente la velocità dell'otturatore per mantenere un'esposizione bilanciata. L'apoteosi dello schifo.

PRIORITÀ DELL'OTTURATORE (TV O S)

Consente di impostare manualmente la velocità dell'otturatore mentre la fotocamera regola automaticamente l'apertura per mantenere un'esposizione bilanciata.

MODALITÀ MANUALE (M):

È il *controllo totale*, esattamente come deve essere. Tutto manuale, quindi apertura, velocità dell'otturatore ISO. La tua camera deve conoscere solamente questa impostazione.

CONSIDERAZIONI:

Imparare a utilizzare le modalità semi-automatiche può essere un buon passo intermedio prima di passare alla modalità manuale, consentendo un maggiore controllo senza farsi sopraffare con troppe variabili da gestire contemporaneamente.

ESEMPIO PRATICO:

Si sceglie il soggetto, si mette a punto l'esposizione (iso, tempi e apertura) senza scattare, nelle stesse condizioni di posizione e luci, passare alla modalità automatica o semi e vedere dove interviene la camera e quanto si discosta dalla nostra idea.

Non è detto che i settings che andrà a impostare la camera siano corretti; invece, è possibile che quest'ultima possa interpretare uno scatto in maniera totalmente diversa.

La comprensione delle modalità di esposizione consente di adattare la fotocamera alle diverse situazioni di ripresa e di ottenere risultati migliori in base alle esigenze e alle condizioni ambientali. Questo è il concetto di esposizione.

RICAPITOLANDO

APERTURA

Determina la quantità di luce che entra nella fotocamera. Un'apertura ampia lascia passare più luce, mentre un'apertura più piccola permette meno luce. Questo influisce anche sulla profondità di campo.

VELOCITÀ DELL'OTTURATORE

Indica per quanto tempo l'otturatore della fotocamera rimane aperto. Tempi più lunghi lasciano entrare più luce.

SENSIBILITÀ ISO

La sensibilità del sensore alla luce. Un ISO più alto rende il sensore più sensibile alla luce, ma aumenta anche il rumore nell'immagine.

BILANCIARE I TRE ELEMENTI

ESPOSIZIONE CORRETTA

Quando l'apertura del diaframma, la velocità dell'otturatore e l'ISO sono bilanciati in modo appropriato, si ottiene un'immagine ben esposta. Questo significa che non è né troppo luminosa (sovraesposta o addirittura bruciata) né troppo scura (sottoesposta).

La camera ad ogni modo, ci viene in aiuto con i suoi sistemi interni, quali lo Zebra e l'esposimetro integrato.

IMPORTANZA DELLA CORRETTA ESPOSIZIONE

Una corretta esposizione preserva i dettagli nelle ombre e nei punti luminosi dell'immagine, fornendo una gamma dinamica più ampia; è essenziale per ottenere foto di alta qualità, sia che si tratti di paesaggi, ritratti o qualsiasi altro tipo di fotografia.

Il concetto di esposizione nel video non cambia, almeno non in quello di sottoesposizione e sovraesposizione.

Il Crop rappresenta la differenza tra le dimensioni del sensore full-frame e quelle dell'APS-C. Questo discorso è strettamente legato al discorso dei sensori e delle focali. Le ottiche, in quanto sistema di lenti o di specchi, mantengono le stesse lunghezza focali indipendentemente dal sensore in cui vengono montate. Tuttavia, quando le lenti vengono montate su un sensore APS-C più piccolo, si ottiene un effetto crop, che comporta un ingrandimento dell'immagine.

EFFETTI DEL CROP

L'APS-C ha solitamente un fattore di crop di circa 1,5x o 1,6x rispetto al full-frame. Ad esempio, se una lente da 50mm viene montata su un sensore APS-C con fattore di crop 1,5x, la lunghezza focale effettiva sarà simile a quella di una lente da 75mm su un sensore full-frame.

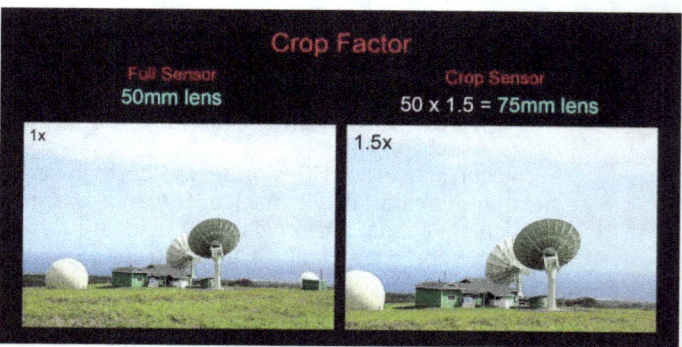

La stessa lente montata su due sensori diversi

ZOOM OTTICO APPARENTE

Il fattore di crop aumenta l'ingrandimento apparente delle immagini, dando l'illusione di uno zoom ottico maggiore rispetto al sensore full-frame.

LARGHEZZA DELL'INQUADRATURA

Il fattore di crop riduce l'ampiezza dell'inquadratura. Quindi, per ottenere lo stesso campo visivo su un sensore APS-C, potrebbe essere necessaria una lunghezza focale più corta rispetto a quella su un sensore full-frame.

ADATTABILITÀ DELLE LENTI:

Le lenti progettate per sensori APS-C possono essere utilizzate su fotocamere full-frame, ma potrebbero causare vignettatura o riduzione della risoluzione ai bordi.

LENTI DEDICATE APS-C O FULL-FRAME

Le lenti progettate specificamente per un tipo di sensore possono offrire prestazioni ottimali per quel sensore, ma possono essere utilizzate in modo limitato su un altro tipo di sensore.

La comprensione del fattore di crop è essenziale quando si sceglie l'attrezzatura fotografica, specialmente quando si considera l'effetto che avrà sull'angolo di campo e sull'ingrandimento effettivo delle immagini quando si utilizzano lenti progettate per sensori di dimensioni diverse.

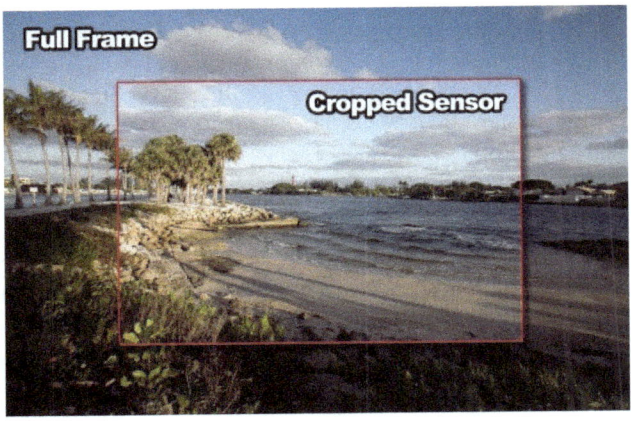

COMPATIBILITÀ CON IL SENSORE

Quando si sceglie una lente per un sensore APS-C o full-frame, è importante considerare il fattore di crop e l'effetto che avrà sulla lunghezza focale effettiva.

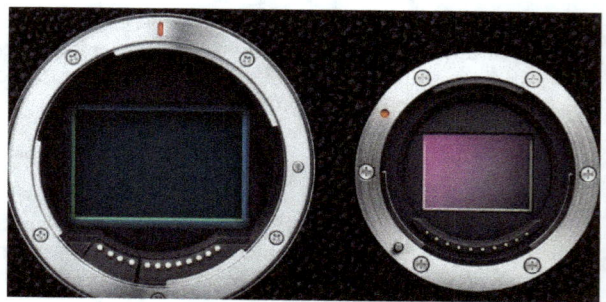

IN CONCLUSIONE

La decisione tra full frame e APS-C dovrebbe essere guidata dalle proprie esigenze e dalle situazioni di scatto.

Le lenti full frame offrono una copertura del sensore più ampia e possono catturare più luce, il che le rende ideali per la fotografia in condizioni di scarsa luminosità e per ottenere sfocature più pronunciate (bokeh).

D'altra parte, le lenti APS-C sono solitamente più leggere, compatte e meno costose, rendendole ottime per la fotografia di viaggio o per chi ha un budget limitato, questo detto a grandi linee.

Quando si utilizza una lente full frame su una fotocamera APS-C si avrà un fattore di crop, inoltre, alcune lenti specificatamente progettate per sensori più grandi ma che vengono poi montate su fotocamere dal sensore più piccolo, possono generare un effetto vignettatura, dove gli angoli dell'immagine appaiono più scuri.

La regola dei terzi è un principio fondamentale della composizione fotografica che aiuta a creare immagini visivamente interessanti e bilanciate. Questo concetto divide l'immagine in nove parti uguali attraverso due linee verticali e due orizzontali immaginarie, creando quattro punti di intersezione.

Oggi qualsiasi camera può attivare questa griglia e ne esistono molteplici varianti, ma la più semplice da apprendere è questa.

Nonostante sia chiamata "regola", la interpreterei più come una guida flessibile più che un dettame rigido.

Infatti può essere infranta o adattata in base allo stile artistico ed esigenze.

È tanto utile ai principianti quanto agli esperti, poiché se per i primi aiuta a capire il principio dell'inquadratura e dell'armonia percettiva, per i secondi può essere utilizzata come base di composizione. Questo concetto vale sia per la foto che per il video.

GRIGLIA DEI TERZI

Visualizza due linee orizzontali e due verticali che dividono l'immagine in nove parti uguali, creando quattro punti di intersezione chiave.

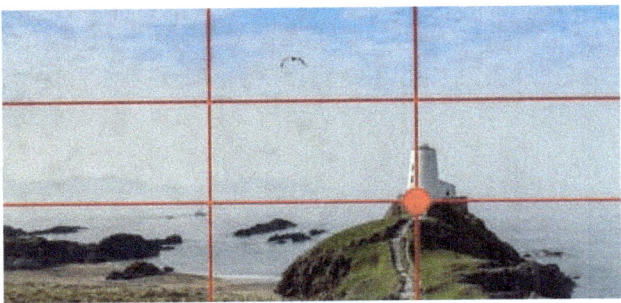

POSIZIONAMENTO DEL SOGGETTO

Invece di mettere il soggetto principale al centro dell'immagine, la regola dei terzi suggerisce di posizionarlo lungo o vicino a una delle linee o dei punti di intersezione. Questo crea un senso di equilibrio e dinamismo nell'immagine.

UTILIZZO DELLE LINEE GUIDA:

Le linee immaginarie possono essere utilizzate per allineare gli elementi chiave dell'immagine, come orizzonti, edifici e altro ancora. Ciò contribuisce a creare una composizione bilanciata e interessante.

APPLICAZIONI PRATICHE DELLA REGOLA DEI TERZI

FOTOGRAFIA DI PAESAGGI

Posizionare l'orizzonte lungo una delle linee orizzontali per dare maggiore rilievo al cielo o alla terra, a seconda dell'importanza della scena.

RITRATTI

Posizionare gli occhi o il volto principale vicino ai punti di intersezione per catturare l'attenzione dell'osservatore e creare un'immagine più dinamica.

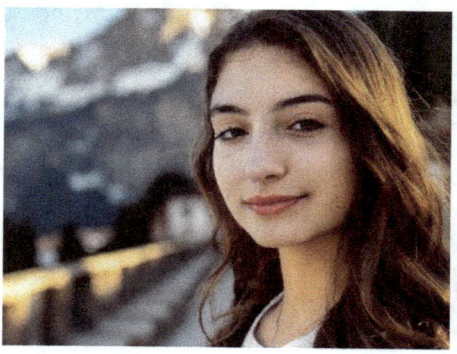

Utilizzare la griglia dei terzi per posizionare elementi chiave come persone, edifici o oggetti lungo le linee guida per una composizione più interessante.

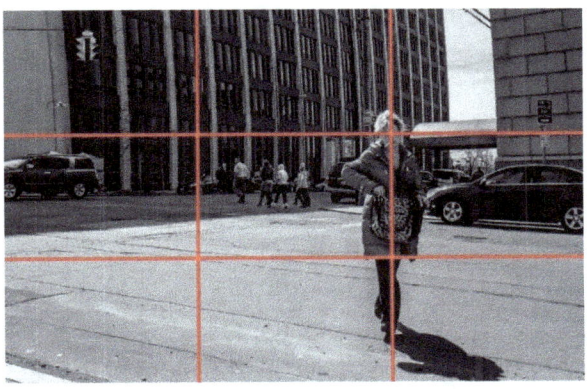

SEZIONE AUREA

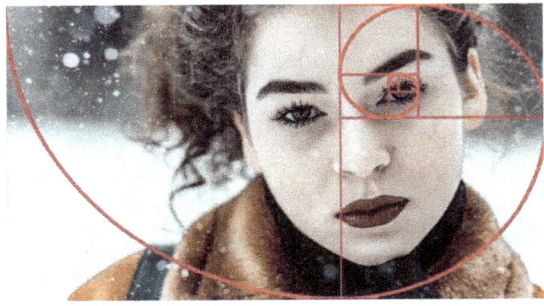

Il nome sembra più complesso di quello che è in realtà. Hai presente la linea di Fibonacci? Quella che a tanti piace pubblicare sui social? Ci siamo! La sezione aurea, anche conosciuta come rapporto aureo o proporzione aurea, è un altro principio di composizione visiva utilizzato in fotografia, pittura, design e altre forme d'arte. Si basa su un rapporto matematico, approssimativamente 1:1.618, considerato esteticamente piacevole e armonioso.

RAPPORTO AUREO

Si ottiene dividendo una linea in due parti in modo che la lunghezza della parte maggiore sia in rapporto con l'intera linea come la lunghezza della parte minore è al segmento più grande. Questo rapporto è approssimativamente 1:1.618.

UTILIZZO IN FOTOGRAFIA

La sezione aurea è applicata posizionando gli elementi chiave dell'immagine lungo le linee guida create da questo rapporto. Gli elementi principali vengono spesso posizionati vicino ai punti di intersezione delle linee guida.

ESEMPI DI APPLICAZIONE:

Un soggetto potrebbe essere posizionato all'incrocio delle linee auree o un orizzonte potrebbe seguire una delle linee. Questo crea un'immagine con un senso di armonia ed equilibrio visivo.

DIFFERENZA TRA REGOLA DEI TERZI E SEZIONE AUREA

La regola dei terzi divide l'immagine in nove parti uguali, usando linee orizzontali e verticali, cercando di posizionare gli elementi chiave lungo queste linee o ai punti di intersezione.

La sezione aurea invece si basa su un rapporto matematico più specifico e spesso si concentra sulle proporzioni della composizione, posizionando gli elementi chiave lungo le linee create dal rapporto aureo. Sia la regola dei terzi che la sezione aurea offrono linee guida utili per migliorare la composizione fotografica, ma come sempre l'uso dipende spesso dalle preferenze e dall'intento creativo. Se la regola dei terzi è un dettame flessibile, la sezione aurea lo è ancora di più; consideralа più una questione di come mantenere i vari elementi in armonia, tra distanza e angolazione.

Il bilanciamento dei colori e della luce è fondamentale per ottenere immagini visivamente accattivanti e bilanciate. Gestire la luce e i colori correttamente non solo fa la differenza nell'aspetto e nella sensazione delle foto e dei video, ma si evitano schifezze a cui mettere un freno in postproduzione, talvolta con risultati irreparabili.

TEMPERATURA DEL COLORE

Si riferisce alla tonalità di colore della luce, misurata in gradi Kelvin (K). Ad esempio, la luce del sole ha una temperatura di colore più calda rispetto alla luce artificiale al tungsteno, che è più fredda. Solitamente si parte da una base di 5500K per poi decidere di compensare il bilanciamento.

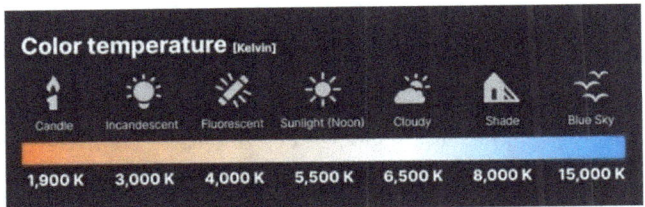

BILANCIAMENTO DEL BIANCO

Consiste nel regolare la fotocamera in modo che i colori neutri appaiano effettivamente neutri. Le fotocamere offrono diverse opzioni preimpostate di bilanciamento del bianco (come luce diurna, nuvoloso, al tungsteno, fluorescenza) o la possibilità di impostare manualmente il bilanciamento del bianco per adattarsi alla luce ambientale. Al 90% scelgo sempre di modificare manualmente la temperatura, specie lavorando con un monitor esterno. Posso passare all'auto bilanciamento se devo lavorare con una seconda o terza camera, in condizioni di temperature luci variabili e non ho la possibilità di modificare attivamente tutte le camere nello stesso momento. In questo caso, specie se le camere sono tutte della stessa marca (la chiave di lettura del sensore sarà la medesima) andrò di bilanciamento automatico. Casi sporadici, comunque, modalità manuale is the way.

CREATIVITÀ CON IL BILANCIAMENTO DEI COLORI

Alcuni fotografi o videografi sfruttano anche il bilanciamento dei colori per creare atmosfere particolari, come toni caldi per dare un senso di calore ed accentuare un tramonto o toni freddi per suggerire freddezza o distacco emotivo. Altri invece usano il bilanciamento a ca*** perché non hanno idea di cosa stiano facendo.
Sui messaggi che passano tramite le diverse tonalità è meglio non addentrarsi troppo o questa guida diverrebbe un'appendice di Tolkien.

FOTOGRAFIA - GESTIONE DELLA LUCE

LUCE NATURALE VS. ARTIFICIALE

È bene comprendere le differenze tra luce naturale e artificiale. Con una luce artificiale si riesce a creare qualsiasi tono, giocare con le ombre, controllare ogni singola porzione di inquadratura. La luce naturale invece è interpretazione. Basti pensare alla golden hour o all'ultimo cenno di tramonto, può dare alle tue immagini una qualità calda e morbida. Allo stesso modo, padroneggiare l'illuminazione artificiale può consentire di creare effetti drammatici o controllati.

SFRUTTARE OMBRE E LUCI

Giocare con le ombre e le luci può aggiungere profondità e dimensione alle tue foto. Sia che si tratti di una forte illuminazione che crea ombre decise o di una luce diffusa che ammorbidisce le linee, l'uso creativo della luce può trasformare completamente un'immagine.

USO DI RIFLETTORI E DIFFUSORI

Accessori come riflettori o diffusori possono aiutare a modificare l'aspetto della luce. I riflettori possono ridurre le ombre, mentre i diffusori possono ammorbidire la luce dura.

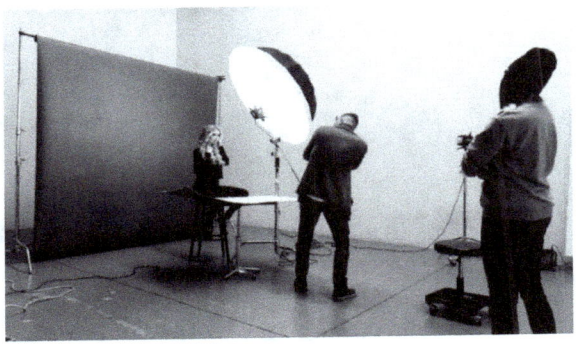

CONSIGLI PRATICI

SPERIMENTARE CON LA LUCE

Osserva come la luce cambia durante diversi momenti della giornata sullo stesso soggetto e sperimenta con l'illuminazione in diversi ambienti.

OSSERVA I DETTAGLI

Prendi nota di come la luce influisce sui colori e sulle ombre in diversi ambienti e come può influenzare l'umore e l'atmosfera delle tue foto.

POST-PRODUZIONE

Utilizza software di fotoritocco per regolare leggermente la luce e i colori per migliorare l'aspetto finale delle tue immagini. Va bene anche una composizione automatica (i classici "sunset drama" o "tempest"), purché cambi drasticamente il mood della foto.

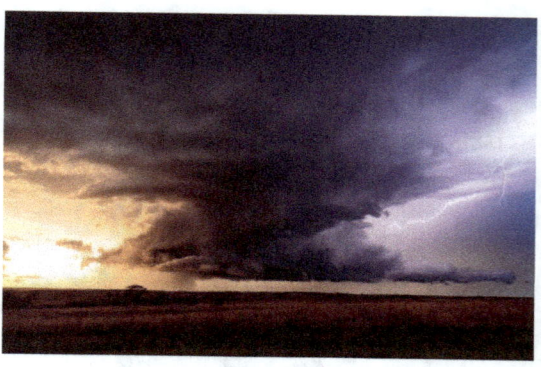

FOTOGRAFIA – ESERCITAZIONI SUI CONCETTI BASE

La pratica è essenziale per acquisire confidenza con la fotocamera e i suoi controlli.

Sperimentando con diverse impostazioni e metodi di messa a fuoco ed esposizione, potrai capire meglio come ottenere le immagini che desideri. Qui di seguito riporterò delle idee come esercizio, ma come sempre, sono solo degli spunti. Il reale consiglio che posso dare è, almeno all'inizio, è quello uscire, prendersi un ora di calma, andare nel proprio spot preferito, decidere cosa scattare e farlo, cambiando ogni volta i settings (se si ha un portatile dietro o un tablet o qualsiasi strumento per lo scarico immediato delle foto è anche meglio, in maniera tale da rendersi conto da subito cosa si sta facendo e provare qualcosa di diverso).

Stesso soggetto e ad ogni scatto un impostazione di esposizione diversa, un punto di messa a fuoco diversa, o un angolazione diversa: ti renderai conto che le combinazioni possono essere veramente tante.

Un altro consiglio, è quello di segnare i settings usati, così da avere anche a distanza di ore o di giorni, le idee chiare su cosa hai fatto e come intervenire.

Prova ad attuare immediatamente questi esercizi:

1) ESERCIZIO DI ESPOSIZIONE

Prova a fotografare lo stesso soggetto con diverse impostazioni di esposizione: varia l'apertura del diaframma, la velocità dell'otturatore e l'ISO. Confronta le immagini per vedere come cambia la luminosità e la nitidezza.

2) ESERCIZIO DI MESSA A FUOCO

Scegli un soggetto e pratica la messa a fuoco su punti diversi dello stesso soggetto. Sperimenta la messa a fuoco automatica e manuale per comprendere meglio come funziona. A differenza della triade, la messa a fuoco automatica per un certo tipo di fotografia o video può salvarvi il lavoro, quindi è ampiamente concessa. Ricorda che più aprirai il diaframma, meno profondità di campo avrai; quindi, le sfocature saranno molto più accentuate.

3) ESPOSIZIONI IN CONDIZIONI DI LUCE VARIABILI

Prova a fotografare un soggetto in condizioni di luce diversa: luce diretta, ombra, interni, esterni. Modifica le impostazioni per adattarti a queste diverse condizioni luminose. Passare da un esterno ad un interno non sarà affatto semplice, perché ti costringerà a modificare non solo la triade, ma a rivedere anche il bilanciamento del bianco e non poco.

4) ESPOSIZIONE NOTTURNA O A LUCE RIDOTTA

Sperimenta con esposizioni a luce ridotta o di notte. Regola l'ISO, la velocità dell'otturatore e l'apertura per ottenere immagini ben esposte senza troppo rumore. Chiaramente evita il buio assoluto, quali spiagge o simili. Sfrutta le sorgenti di luce come quelle del contesto urbano ad esempio. Il notturno è una bella sfida ma padroneggiando la triade ci si può affacciare a delle tecniche fantastiche come quelle della lunga esposizione.

5) ESERCIZIO DI MESSA A FUOCO SELETTIVA:

Fotografa un soggetto con un'ampia apertura per creare uno sfondo sfocato (bokeh). Pratica la messa a fuoco selettiva sul soggetto principale.

6) MESSA A FUOCO IN MOVIMENTO:

Fotografa oggetti o persone in movimento e pratica la messa a fuoco in modo da catturare il soggetto in movimento senza sfocarlo.

CONSIGLI PRATICI

⊗ Non aver paura di sperimentare e fare errori. È attraverso la pratica che si impara di più. Sii il critico più feroce di te stesso perché tramite l'autocritica si cresce e si allena l'occhio a trovare le imperfezioni.

⊗ Prendi nota delle impostazioni utilizzate per ogni scatto e osserva i risultati per comprendere meglio come funzionano le varie combinazioni di impostazioni.

⊗ Esamina attentamente le tue foto, chiediti cosa ha funzionato e cosa potrebbe essere migliorato. Questo ti aiuterà a capire meglio come ottenere i risultati desiderati.

⊗ Non farti sopraffare dalle informazioni e non diventare schiavo dei numeri sul monitor. La fotografia (foto e video) è un'arte e non vive di assoluti.

⊗ La triade ti serve solo per dire alla macchina come tu vuoi che venga interpretato l'ambiente. Se scatti dentro una foresta magari uno scatto lo vuoi con una profondità di campo ampia, un altro con una profondità bassa, un altro ancora con tempi e iso ridotti perché vuoi dare rilevanza agli spot di luce e abbattere ancora di più le ombre. La parola è sempre la stessa: interpretazione.

⊗ Saper intervenire sull'esposizione (iso, apertura, tempi) è la capacità di cambiare ambiente e settare la macchina in pochi secondi per tirare fuori il meglio da ogni situazione.

Qui non basta più la conoscenza della propria strumentazione, perché dall'altra parte avrete un soggetto vivo. In questo caso subentrano delle meccaniche più umane e le variabili si perdono a vista d'occhio.
Ecco alcuni consigli che permetteranno di portare a casa il lavoro.

COMUNICA CON IL SOGGETTO

Regola principale, quasi assoluta.
Crea un'atmosfera rilassata e comunica con il soggetto per farlo sentire a suo agio. Questo aiuterà a catturare espressioni più autentiche.
Cerca di rubare gli scatti con una battuta, uno scherzo.
Permetti al soggetto di sentirsi a proprio agio. Ricorda che, se la persona che hai davanti non è un/a modello/a professionista, non sarà semplice impostare la scena, al contrario potresti trovarti una coppia, una famiglia, una persona che odia sentirsi troppo al centro dell'attenzione.
Qui tu giocherai un ruolo fondamentale, col tuo approccio e metodologia. **Non esiste una persona che esce male in foto, esistono solo fotografie banali.**

FOCALIZZATI SUGLI OCCHI

Gli occhi sono spesso il punto focale in un ritratto.
Assicurati che siano nitidi e ben illuminati per catturare l'attenzione.

SFRUTTA LA PROFONDITÀ DI CAMPO

Utilizza aperture più ampie (basso numero f-stop) per ottenere sfondi sfocati che mettono in risalto il soggetto.

LUCI NATURALI PER RITRATTI

La luce diffusa e morbida della golden hour al tramonto è ideale per ritratti. Anche le giornate nuvolose offrono una luce uniforme e priva di ombre dure.

LUCI ARTIFICIALI PER RITRATTI

Se usi l'illuminazione artificiale, considera softbox o pannelli diffusori per ottenere una luce più morbida e uniforme.

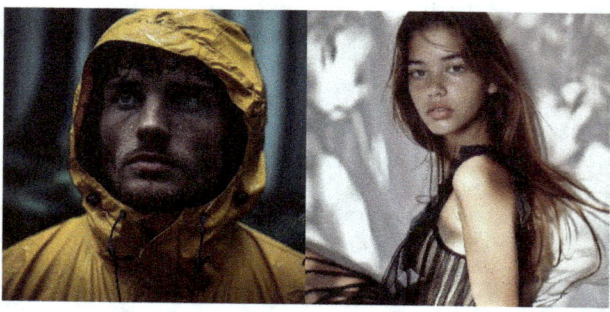

FOTOGRAFIA - FOTOGRAFIA DI PAESAGGIO

Con la padronanza della triade, dovresti essere in grado di fotografare il paesaggio. Questo tipo di fotografia ha di buono tra le varie cose, che ti permette di scattare con tutta la calma del mondo, quindi puoi decidere a tavolino il genere di foto che vuoi portare a casa oppure lasciarti trasportare dal momento o dal tuo mood e interpretare uno scatto in dieci modi diversi.

CREA PROFONDITÀ

Utilizza la regola dei terzi e sfrutta gli elementi come linee guida, prospettiva e layering per aggiungere profondità alla composizione.

UTILIZZO DEL TREPPIEDE

Per paesaggi nitidi, un treppiede aiuta a mantenere stabile la fotocamera, specialmente in condizioni di luce ridotta o con esposizioni lunghe.

MANO LIBERA

Per me l'essenza della fotografia. Prenditi il tuo tempo, vai in giro, scatta quello che ti pare. Non avere paura di eseguire scatti imperfetti o banali, quello lo deciderai dopo. Butta sempre un occhio ai settings, non scattare alla cieca e non scattare troppo lo stesso soggetto, varia più che puoi. Impara a conservare gli scatti per qualcosa che ti stimoli veramente; portare a casa 500 scatti e salvarne 5 non serve a nulla e diventa deleterio.

ESPOSIZIONI LUNGHE PER EFFETTI ARTISTICI

Sperimenta con esposizioni lunghe per creare effetti di mosso sull'acqua o per catturare il movimento delle nuvole.

LUCI NATURALI PER PAESAGGI

L'alba e il tramonto offrono luci calde e morbide che migliorano i colori e la profondità delle scene.

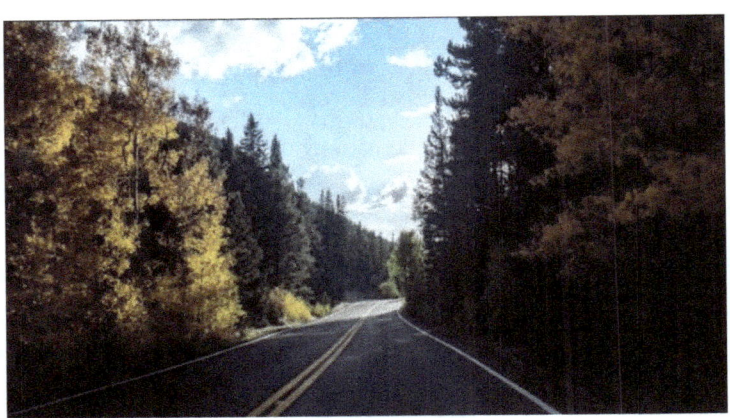

Come per il paesaggio, sfrutta la regola dei terzi o stravolgila a tuo piacimento, ma sempre pensando a ciò che stai facendo. La bellezza nel fotografare gli oggetti sta che, a differenza del paesaggio, dove sei tu a doverti muovere per ottenere l'angolo migliore, in questo caso puoi comporre tu il tuo piano a piacimento.
Sulla fotografia degli oggetti puoi fare letteralmente ciò che vuoi ma attenzione a non rendere tutto piatto e banale.

SCEGLI IL PUNTO FOCALE

Identifica l'aspetto più interessante dell'oggetto e focalizzaci sopra. La messa a fuoco selettiva può rendere l'oggetto più attraente.

GIOCA CON LE PROSPETTIVE

Sperimenta angolazioni diverse per catturare l'oggetto in modi insoliti o interessanti.

LUCI NATURALI PER OGGETTI

La luce naturale diffusa funziona bene per gli oggetti, evitando ombre dure ed evidenziando dettagli.

LUCI ARTIFICIALI PER OGGETTI

L'illuminazione controllata con softbox o lampade può permettere di modellare l'illuminazione sull'oggetto in modo più preciso.

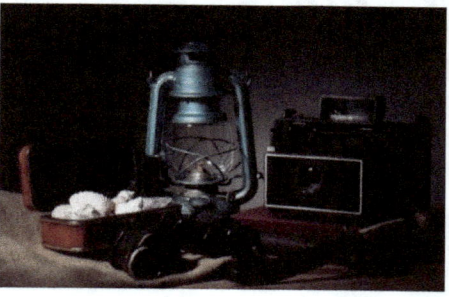

SPERIMENTA CON ENTRAMBI I TIPI DI LUCE

La luce naturale e quella artificiale possono offrire risultati sorprendenti a seconda del soggetto e dell'atmosfera desiderata.

ESPLORA LA CREATIVITÀ

Non aver paura di sperimentare con le luci e le angolazioni per ottenere risultati unici e originali.

Catturare soggetti diversi richiede competenze e approcci diversi. Esplorare le sfumature di ogni categoria ti permetterà di affinare le tue abilità fotografiche in modo più specifico per ogni tipo di soggetto.

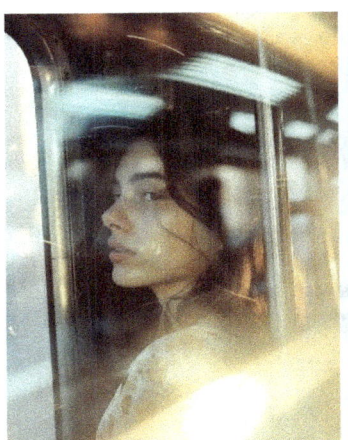 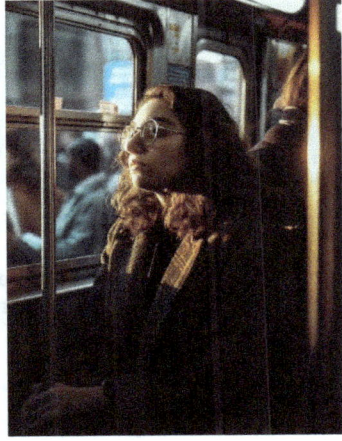

La videografia è un mondo incredibile, che condivide alcune similitudini con la fotografia, ma presenta anche alcune differenze fondamentali. Pensa alla foto, che immortala un frame e lo rende bellissimo, per quanto elaborato o spontaneo esso sia; congela il tempo e fissa il ricordo.

Bene, ora pensa a cosa possa essere successo un attimo prima di quel frame o subito dopo.

Il video è l'unica cosa che può darti una risposta, è l'unico modo per rivivere quel momento, riassaporare un'espressione, un gesto nella sua interezza ed è l'unica cosa capace di catapultarti nuovamente dieci o venti anni indietro e farti rivivere le stesse emozioni.

Il video sì, ha tante similitudini con la foto, ma ad un certo punto prende una direzione diversa, con regole e dettami tutti suoi, più o meno complessi.

Cercherò di essere il più conciso ed esaustivo possibile nello spiegare queste differenza.

COMPOSIZIONE VISIVA

Per fortuna non abbiamo eccessive differenze, entrambe richiedono un'attenzione particolare alla composizione dell'immagine o del frame. **Principi come la regola dei terzi, la sezione aurea e il bilanciamento dei colori sono applicabili sia alla fotografia che alla videografia.**

ILLUMINAZIONE

La luce è essenziale sia per la fotografia che per la videografia.

La comprensione di come la luce influenzi l'aspetto delle immagini è altrettanto cruciale nella produzione video. Se si ha una buona base fotografica si avrà la coscienza di cosa va bene e cosa no in fase di Rec. (registrazione) ma attenzione alla postproduzione; sistemare in post una rec degradata dal rumore a causa di iso alti, giusto per fare un esempio, è un bel problema.

La frase del noto meme "la sistemiamo in post" è valida fino a un certo punto perché sistemare una clip con problemi in

partenza genera soltanto altri problemi.
È bene quindi avere coscienza non solo della situazione in cui si sta andando a filmare, ma anche conoscere la propria camera, lente e settings, diventa fondamentale.

NARRATIVA VISIVA

Entrambe le discipline coinvolgono la narrazione visiva, sebbene la videografia spesso richieda una pianificazione più dettagliata per raccontare una storia attraverso sequenze di immagini in movimento, il cosiddetto Storytelling.

DIFFERENZE

TEMPO E DURATA

La fotografia cattura un singolo istante in un singolo frame, mentre la videografia coinvolge una sequenza di frame che creano un flusso temporale. La videografia ha quindi a che fare con la gestione del tempo.
Come detto all'inizio, il video è l'unica cosa che mostra cosa ci sia prima e dopo lo scatto, va quindi assimilato questo concetto poiché è fondamentale; lo sarà per il tipo di rec, per il tipo di narrazione, per il tipo di movimento camera.

FRAME RATE E RISOLUZIONE

Mentre la fotografia si concentra su singoli scatti, la videografia richiede decisioni sulla frequenza dei frame (frame rate) e sulla risoluzione del video. Comuni frame rate includono 25fps, 50fps e 100fps. Approfondirò questo discorso a breve.

AUDIO

La videografia coinvolge spesso l'acquisizione e la sincronizzazione dell'audio. Questo può includere dialoghi, musica di sottofondo o effetti sonori, che aggiungono un altro livello di complessità rispetto alla fotografia. Spesso l'audio è parte integrante, talmente importante da essere al pari dell'immagine stessa.

Quando si parla di un'esperienza "audiovisual", si intende l'armonia tra video e audio. Quando essa è presente, l'esperienza sarà completa essendo richiamati all'unisono i sensi di vista e udito.

MOVIMENTO DELLA FOTOCAMERA

La videografia comunica molto attraverso i movimenti di camera. Questi possono essere gestiti a mano libera o richiedere la stabilizzazione attraverso dei gimbal, dei dolly o dei crane. Il movimento può avere un impatto significativo sulla qualità del video e sul tipo di narrazione.

MONTAGGIO E POST-PRODUZIONE

La videografia richiede abilità di montaggio video e post-produzione, dove le clip devono essere tagliate, ordinate e spesso integrate con audio ed effetti visivi. L'arte dell'editor è una scienza a sé.
Esistono editor che sono tali prima ancora di essere dei videomaker (come il sottoscritto). È una branchia talmente ampia che esistono percorsi di studio specifici per diventare editor.

DIMENSIONE DEL FILE

I file video possono essere significativamente più grandi rispetto alle immagini statiche, specialmente ad alte risoluzioni e con frame rate elevati. Preparati a SSD veloci e tanto spazio di archiviazione.

CONSUMO DELLE RISORSE HARDWARE

La fotografia richiede meno risorse di elaborazione e di editing rispetto al video, in quanto coinvolge un solo fotogramma da manipolare anziché una sequenza continua di frame.

La fotografia è allo stesso arte e comunicazione visiva. Si creano immagini fisse attraverso uno strumento che registra. La fotografia è espressione.

Sia la foto che il video catturano e comunicano le immagini. La fotografia cattura un singolo istante in una singola immagine, mentre il video cattura una sequenza di immagini in movimento nel tempo. La fotografia tende a focalizzarsi sull'immagine statica, consentendo di esplorare dettagli e composizione, mentre il video enfatizza il flusso temporale, consentendo di raccontare storie attraverso il movimento e il suono in un percorso "audiovisual". Se la fotografia offre maggiore controllo sull'illuminazione e sulla composizione, il video richiede una considerazione aggiuntiva per il movimento della telecamera e la continuità visiva tra le scene.

Ciò che ho cercato di spiegare in maniera molto superficiale ma ordinata sono le basi, i primi concetti chiave importanti da sapere se si vuol andare direttamente in videografia.

A breve ti renderai conto che, se nel mondo foto "A" vuol dire "A", è possibile che nel mondo video "A" voglia dire "B". Preparati quindi a stravolgere ciò che hai appena appreso, a prendere una regola, assimilarla, capirla e stravolgerla a tuo piacimento.

VIDEO

GRAPHY.

"Non è una foto, è un video"

FORMATI, ESTENSIONI E RISOLUZIONI

Le fotografie e i video differiscono non solo nel contenuto visivo ma anche nel tipo di file. Se per la foto abbiamo le estensioni Jpeg e Raw, nel mondo video abbiamo nella maggior parte dei casi i vari Mp4, Mov, Avi e Mkv (questi ultimi decisamente meno usati).
Le differenti estensioni utilizzano tecniche di compressione differenti per ridurre le dimensioni senza comprometterne la qualità.
All'interno delle estensioni poi troviamo la risoluzione video espressa in larghezza x altezza o più semplicemente con un acronimo. Ad esempio, l'ormai standard 1920x1080 sarà FullHD mentre 4096x2160 sarà il 4K.
La risoluzione video influisce sulla quantità complessiva di dati necessari per rappresentare un frame. Video ad alta risoluzione richiedono generalmente bitrate più elevati per mantenere la qualità visiva.

BIT RATE

È una misura chiave e rappresenta la quantità di dati necessari a rappresentare un secondo di video, inoltre ne influenza direttamente la qualità.
La scelta del bitrate dipende dalle esigenze specifiche dell'applicazione, bilanciando la qualità desiderata con le limitazioni di spazio di archiviazione (e anche dalla larghezza di banda delle SD).
Oggi giorno si misura direttamente in Mbps (megabit per second).
Un bitrate più alto consente una maggiore quantità di dati per ciascun frame, migliorando la qualità video, specialmente in presenza di movimenti veloci o dettagli complessi. Per fare un esempio pratico, un sistema a 720p ha un bitrate di circa 6,5Mbps con fotogrammi standard a 25-30 al secondo, un 4K che codifica a 2160p ha un bitrate che va tra i 44 e i 56 Mbps (questo a fotogrammi bassi, altrimenti i valori saranno più alti).

La scelta del bitrate è un compromesso tra qualità e funzionalità. Un bitrate alto indica una maggiore quantità di informazioni, ma comporta anche la necessità di avere più spazio di archiviazione. A causa delle dimensioni, può anche essere più difficile lavorare con un file video di questo tipo. Se filmi ad alta risoluzione con un alto fps, il girato sarà ottimo, ma devi poter lavorare con quel tipo di qualità.

PROFONDITÀ DI BIT

Rappresenta il numero di bit utilizzati per rappresentare ciascun colore in un frame. Comunemente espresso in bit per canale, come 8-bit, 10-bit o 12-bit. Più è elevato il numero di bit, maggiore è il numero di colori disponibili e più precisa sarà la rappresentazione dell'immagine, con conseguente aumento della dimensione del file. In pratica, la dimensione del file di un'immagine aumenta con la profondità di bit, poiché in un'immagine con profondità di bit elevata vengono memorizzate più informazioni sul colore per pixel.

NUMERO DI COLORI

La profondità di bit influisce direttamente sul numero di colori che possono essere rappresentati. Ad esempio, un video a 8-bit può rappresentare 256 tonalità di rosso, verde e blu ciascuna, portando a un totale di 16,7 milioni di colori. Con profondità di bit superiori, il numero di colori aumenta significativamente. Eseguire una Color Correction su un file registrato a 10bit sarà nettamente più semplice che su un file a 8bit.

SUB-SAMPLING DEL COLORE

Alcuni formati video utilizzano la subsampling del colore per ridurre ulteriormente la dimensione dei file. Comunemente espressa come "YUV 4:4:4", "YUV 4:2:2", o "YUV 4:2:0", indica la quantità di informazioni colore conservata per ciascun pixel.
Ad esempio, YUV 4:2:2 significa che la luminanza (Y) viene campionata a piena risoluzione, mentre le componenti di colore (U e V) vengono campionate a metà risoluzione orizzontale.

BILANCIARE LA QUALITÀ E LA DIMENSIONE DEI FILE

La scelta del bitrate e degli altri parametri di compressione dipende dal bilanciamento desiderato tra qualità video e dimensioni dei file.

ADATTAMENTO DINAMICO

Alcuni formati video supportano l'adattamento dinamico del bitrate, regolando automaticamente la qualità in base alla complessità delle scene. CBR (bitrate costante) e VBR (bitrate variabile).

USO DI CODEC EFFICIENTI

L'efficienza di compressione di un codec può influenzare significativamente la qualità visiva mantenuta a un dato bitrate.

COMPATIBILITÀ E STANDARD

Alcuni standard video, come quelli per la trasmissione televisiva o lo streaming online, possono stabilire limiti o requisiti specifici per il bitrate e la qualità.
In generale, il girato finale dei contenuti video ha un bitrate più basso rispetto a quello dei file di lavoro.
Le piattaforme di streaming come le TV hanno comunque delle limitazioni in termini di bitrate.
Infatti, se quest'ultimo è troppo alto, il video potrebbe bloccarsi o esse riprodotto a scatti.

I codec video sono un aspetto fondamentale, sia in fase di ripresa che di editing. È bene avere un'infarinatura generale di questo argomento.

In sintesi, **la parola codec** viene dalla contrazione di codec e decoder, ossia codificatore e decodificatore.

In sintesi, il codec è un software (o un hardware) che compie la codifica o decodifica di un flusso di dati, che siano video o audio. Il suo scopo non è nient'altro che la compressione dei dati in fase di trasmissione/registrazione e di decomprimerli durante la riproduzione o editing.

Ecco alcuni dei codec video più diffusi attualmente (eviterò di menzionare i vari Vp9, Av1, ecc.:

H.264 (AVC - ADVANCED VIDEO CODING)

Ampiamente utilizzato per la compressione video, è il codec standard per la trasmissione video su Internet e la maggior parte dei dispositivi.

H.265 (HEVC - HIGH EFFICIENCY VIDEO CODING)

Il successore di H.264. Offre una migliore qualità a bitrate più bassi ma necessità di un calcolo maggiore, ergo, serve una workstation performante. È utilizzato per la compressione video ad alta risoluzione, inclusi video 4K e HDR.

MPEG-4

Un formato più ampio che include non solo la compressione video ma anche l'audio e altri dati. È la base di codec più recenti come H.264.

PRORES

Sviluppato da Apple, è ampiamente utilizzato nell'industria cinematografica e televisiva per la post-produzione video. Disponibile in varie varianti (ProRes 422, ProRes 4444, ecc.).

DNXHD/DNXHR

Sviluppato da Avid, è utilizzato principalmente nel campo dell'editing video professionale.

XVID

Codec open-source basato su MPEG-4. In passato, era popolare per la compressione video, ma H.264 e H.265 hanno ampiamente sostituito la sua utilità.

CINEFORM

Sviluppato da GoPro, è utilizzato per la registrazione video ad alta risoluzione e la post-produzione. Ha una compressione loss-less e può gestire video a 12 bit.

CONSIDERAZIONI

SCELTA DEL CODEC

La scelta del codec dipende dalle esigenze specifiche, dalla qualità desiderata, dalla dimensione del file e dai requisiti di compatibilità. Non è una scelta banale e spesso l'opzione del "vado di codec visivamente migliori" non è la scelta giusta.

COMPATIBILITÀ

Alcuni codec sono più comunemente supportati su determinate piattaforme o dispositivi. È importante considerare la compatibilità quando si sceglie un codec.

COMPRESSIONE

Alcuni codec sono progettati per fornire una compressione più efficiente, riducendo al minimo la perdita di qualità, mentre altri possono essere più aggressivi nella riduzione delle dimensioni dei file.

OPEN-SOURCE VS. PROPRIETARI

Alcuni codec sono open-source, consentendo una maggiore flessibilità e adattabilità, mentre altri sono proprietari e potrebbero richiedere licenze.

SUPPORTO PER HDR E 4K

Alcuni codec sono progettati per gestire video ad alta risoluzione (come 4K) e contenuti HDR (High Dynamic Range).

EVOLUZIONE TECNOLOGICA

Con l'evoluzione della tecnologia, nuovi codec vengono sviluppati per migliorare l'efficienza di compressione e la qualità dell'audio e del video.

La scelta del codec video è un elemento cruciale quando si lavora con la registrazione e la produzione video, influenzando la qualità visiva, le dimensioni dei file e la compatibilità con dispositivi e piattaforme diverse.

In sintesi, i codec sono elementi chiave nell'elaborazione, nella trasmissione e nella riproduzione di dati audio e video, svolgendo un ruolo cruciale nella gestione dell'equilibrio tra dimensioni dei file e qualità del contenuto.

I fotogrammi per secondo (fps) sono una misura che indica quanti fotogrammi vengono visualizzati in un secondo in un video. Questa metrica è cruciale nel determinare la fluidità e la qualità del movimento.

STANDARD SU FILM E TV

La frequenza standard per i film cinematografici è di 24 fps. Questo valore è stato adottato storicamente ed è ancora utilizzato per mantenere un aspetto tradizionale e cinematografico. In molte regioni del mondo, la televisione utilizza comunemente 30 fps o 25 fps, a seconda dello standard di trasmissione (NTSC o PAL).
I film a 24 fps sono ancora preferiti da molti registi per creare un'estetica cinematografica. La leggera irregolarità nei movimenti può contribuire a un aspetto più artistico.

EFFETTO REALISTICO

Frequenze superiori, come 30 fps o 50 fps, possono essere utilizzate per creare un effetto più realistico e dettagliato, specialmente nei contenuti ad alta azione o negli sport.

SLOWMOTION

Partendo dal presupposto che **un numero elevato di FPS significa che vengono registrati più fotogrammi al secondo**, riducendo la velocità di riproduzione rispetto alla velocità di registrazione si ottiene uno **slowmotion**.
Ad esempio, se registri a 120 fps e poi riproduci a 30 fps, il video sarà quattro volte più lento ($120/30 = 4$). Questo rapporto significa che ogni secondo di registrazione a 120 fps sarà esteso a quattro secondi durante la riproduzione a 30 fps.
Il rapporto tra i fotogrammi al secondo (fps) e la riproduzione in slow motion è diretto e influisce sulla percezione della lentezza del movimento nel video

REGOLA DEL DOPPIO

C'è una regola importante da tenere a mente sul rapporto tra fotogrammi al secondo (fps) e la velocità dell'otturatore quando si registra video. Questa regola è nota come "Regola del doppio" o "180 Degree Shutter Rule." La regola suggerisce che **la velocità dell'otturatore dovrebbe essere il doppio della frequenza dei fotogrammi al secondo.**
Il nome deriva da quando si usavano le cineprese a pellicola, dove il movimento dell'otturatore veniva misurato in gradi di rotazione. Una rotazione completa dell'otturatore era comunemente di 360 gradi.
La regola del doppio, quindi, suggerisce di impostare la velocità dell'otturatore su una metà della frequenza dei fotogrammi per ottenere un aspetto del movimento naturale. Questo perché, quando l'otturatore è aperto per una quantità di tempo maggiore, vengono catturati più movimenti in ogni fotogramma, producendo un'immagine più fluida.

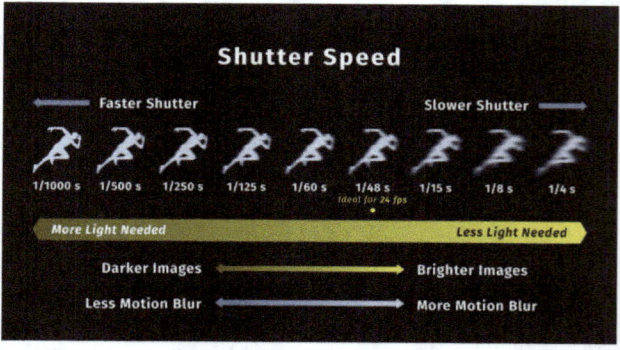

Fai un test per applicare facilmente questa regola. Inquadra un ventilatore in funzione, i raggi di una bicicletta, oppure la tua stessa mano che oscilla velocemente da una direzione all'altra. Guarda come cambia la percezione del movimento (mano, bici o ventilatore che sia) a seconda di come imposti la velocità dell'otturatore. A valori alti (veloci) il movimento sarà perfetto e senza sbavature, scendendo invece, l'oggetto in movimento avrà sempre più una sorta di effetto scia, ossia il motion blur.

REGISTRAZIONE A 25 FPS:

Velocità dell'otturatore consigliata 1/50 di secondo (o la velocità dell'otturatore più vicina comune).

Questo significa che l'otturatore rimarrà aperto per circa 1/50 di secondo ad ogni fotogramma, catturando il movimento in modo coerente con l'aspetto cinematografico tradizionale.

REGISTRAZIONE A 30 FPS:

Velocità dell'otturatore consigliata: 1/60 di secondo.

REGISTRAZIONE A 50 FPS:

Velocità dell'otturatore consigliata: 1/100 di secondo.

CONSIDERAZIONI

La regola del doppio è una guida generale e può essere adattata in base alle preferenze creative o alle circostanze specifiche di ripresa.

In alcune situazioni di luce intensa, potresti dover regolare la velocità dell'otturatore per evitare sovraesposizione. In questo caso, puoi utilizzare filtri ND per ridurre la quantità di luce che raggiunge il sensore della fotocamera. Qui le scuole di pensiero si dividono, perché alcuni (me compreso) preferiscono aumentare la velocità dell'otturatore per compensare la sovraesposizione e altri utilizzare filtri ND e rispettare la regola.

Quel che personalmente dico è che non mi piace essere schiavo dei filtri ND; se posso, rispetto la regola a pieno, altrimenti aumento i tempi partendo dal doppio fino ad un valore più alto. In ogni caso mai un valore base più basso.
Esempio: 25fps a 1/50 regola rispettata, 25fps a 1/200 regola non rispettata ma non influisce in maniera evidente sul movimento (motion blur), 25fps a 1/25 regola infranta e si avrà sicuramente del motion blur.

Non rispettando la regola, oltre alle imperfezioni di

movimento, si può ottenere un altro malus importante, ossia il fenomeno del **flickering** (ne parlerò a breve).

In sintesi, la regola del doppio fornisce una guida utile per ottenere una resa naturale del movimento nei video. Tuttavia, è importante ricordare che è possibile sperimentare e adattare queste impostazioni in base alle esigenze specifiche della tua ripresa e al risultato creativo desiderato.

VIDEOGRAFIA – NTSC, PAL E FLICKERING

Hai presente quando in video ti ritrovi una bella luce intermittente provenire da lampadine o sorgenti di luce in genere? Hai notato anche che più aumenti i tempi dell'otturatore più questo problema si fa invadente? Come? Nello slowmotion lo vedi tantissimo e devi buttare la ripresa? Bene, ti presento il flickering.

Il fenomeno del flickering in videografia si riferisce a variazioni intermittenti di luminosità o colore che possono apparire nei video. Questo fenomeno può essere causato da diverse ragioni, e il risultato è spesso una sorta di "lampeggio" o "pulsazione" nell'illuminazione del video. Inoltre, hai mai sentito parlare di NTSC e PAL? Spesso le cose sono correlate, ma andiamo con ordine e vediamo le prime cause del flickering.

FREQUENZA DI ALIMENTAZIONE

In regioni in cui l'alimentazione elettrica viene fornita a una frequenza specifica (ad esempio, PAL 50 Hz o NTSC 60 Hz), le luci artificiali possono pulsare alla stessa frequenza. Se la frequenza di acquisizione della tua videocamera non è sincronizzata con la frequenza di alimentazione, potresti notare il flickering delle luci.

ILLUMINAZIONE A LED O INCANDESCENZA

Le luci a LED possono causare flickering a causa della loro modalità di funzionamento. Alcuni LED non producono luce in modo continuo, ma utilizzano la modulazione di larghezza di impulso.

Hai presente le vecchie luci alogene o a incandescenza,

molto calde, come ad esempio quelle delle chiese? Bene, preparati a fare il segno della croce (in tutti i sensi) perché, se presenti queste lampadine, appena toccherai la velocità dell'otturatore con ogni probabilità il flickering sarà li ad aspettarti.

COME EVITARE O RIDURRE IL FLICKERING

SINCRONIZZAZIONE CON LA FREQUENZA DI ALIMENTAZIONE

Imposta la frequenza di acquisizione della videocamera (fps e velocità otturatore) in modo che sia sincronizzata con la frequenza di alimentazione (50 Hz o 60 Hz) della tua regione. Solitamente nel nostro paese, per avere un impatto zero o quasi, si va di 25fps.
Quando si è in ambienti con luce artificiale, una delle prime cose da fare sarebbe quella di capire fino a che punto è possibile alzare la velocità dell'otturatore prima di avere del flickering in camera. Non è detto che ci sarà (le lampadine di nuova generazione non lo fanno) ma se così fosse, sarebbe bene saperlo prima.
Non è facile vedere il flickering dal piccolo monitor della fotocamera; un monitor esterno, quindi più grande vi aiuterà e tanto.

UTILIZZO DI LUCI DI QUALITÀ

Se possibile, utilizza luci di buona qualità che non presentino problemi di flickering. Alcune luci a LED professionali offrono opzioni per ridurre il flickering.

POST-PRODUZIONE

Aiuta tanto ma non fa miracoli.

Affrontare il flickering richiede spesso una combinazione di consapevolezza delle cause potenziali e azioni preventive. È importante testare le impostazioni e monitorare attentamente il risultato del video, specialmente quando si lavora in condizioni di illuminazione artificiale.

Bene, ora parliamo delle frequenze di alimentazione legati ai vari paesi.

NTSC è utilizzato negli USA e parte delle Americhe mentre il **PAL** è usato in Europa e gran parte dell'Asia.
Sono due diversi standard televisivi e la principale differenza è che adottano frequenze elettriche leggermente diverse (NTSC: 60hz – PAL: 50hz), di conseguenza un diversa frequenza di aggiornamento nei fotogrammi (sul serio non ti sei mai chiesto come mai switchando da PAL a NTSC la camera cambiasse lo standard degli FPS?).

Ricapitolando:

NTSC (60 HZ):

In regioni che seguono lo standard NTSC, come gli Stati Uniti e parti dell'America, la frequenza di alimentazione è di 60 Hz. Di conseguenza, la frequenza di aggiornamento dei fotogrammi nei video è di solito impostata a 30 fps (o multipli di 30, come 60 fps).

PAL (50 HZ):

In regioni che seguono lo standard PAL, come gran parte dell'Europa e dell'Asia, la frequenza di alimentazione è di 50 Hz. La frequenza di aggiornamento dei fotogrammi nei video è spesso impostata a 25 fps (o multipli di 25, come 50 fps).

CORRELAZIONE CON IL FLICKERING

ILLUMINAZIONE ARTIFICIALE

Le luci alimentate elettricamente possono presentare flickering se la frequenza di aggiornamento della videocamera non è sincronizzata con la frequenza di alimentazione.

SINCRONIZZAZIONE CON LA FREQUENZA DI ALIMENTAZIONE

Utilizzando la corretta frequenza di aggiornamento dei fotogrammi in base allo standard regionale (30 fps per NTSC, 25 fps per PAL), è possibile ridurre il rischio di flickering causato da luci artificiali.

PROBLEMI DI DISPLAY

Se stai registrando schermate di dispositivi o stai lavorando con materiali video provenienti da regioni con diversi standard, potrebbero verificarsi problemi di flickering quando la frequenza di aggiornamento del display non è in sintonia con la frequenza di acquisizione della videocamera.

COME AFFRONTARE IL FLICKERING CON STANDARD NTSC E PAL

IMPOSTARE LA VIDEOCAMERA IN BASE ALLO STANDARD REGIONALE

La prima cosa da fare e assicurarsi di impostare la frequenza di aggiornamento dei fotogrammi della videocamera in base allo standard NTSC o PAL della regione in cui ti trovi.

CORREZIONE NELLA POST-PRODUZIONE

Partendo dal presupposto che la post-produzione non fa miracoli, se hai registrato con la frequenza sbagliata e noti flickering durante la riproduzione, è possibile correggere sfarfallii durante la post-produzione utilizzando strumenti di correzione colore, luminosità, maschere e sfocature. Inoltre, esistono alcuni plugin a pagamento che eliminano con buon risultato questo errore dalle clip.

In sintesi, il problema del flickering può essere influenzato dalle impostazioni NTSC e PAL, in quanto la frequenza di aggiornamento dei fotogrammi è collegata alla frequenza di alimentazione. Utilizzando le impostazioni corrette e prendendo in considerazione la frequenza di alimentazione della tua regione, è possibile mitigare il rischio di flickering causato da problemi di sincronizzazione.

PIANIFICAZIONE E IMPOSTAZIONE

La videografia spesso richiede una pianificazione più dettagliata rispetto alla fotografia. Pianifica le sequenze, considera la durata e pensa a come le scene si collegheranno tra loro.

Dimentica l'impostazione da fotografo. Nel video, per catturare un'azione, non basta premere il tasto rec, bisogna portare a compimento un movimento che prevedere di anticipare l'azione, riprendere il soggetto voluto e chiudere il movimento. Solo alla fine di questi 3 step si può chiudere la registrazione.

Esistono poi tante tecniche di apertura o di chiusura del rec, ma per portare il lavoro a casa nella maniera più standard possibile, è bene apprendere questo concetto che, a differenza del fotografo che sviluppa tutta la sua azione nel "punta, clicca e scatta", nel video bisogna far partire il rec qualche secondo prima di inquadrare il soggetto e chiudere qualche secondo dopo.

ESEMPIO PRATICO

Intendo registrare un fiore che si muove al vento con camera statica (fissa e senza movimento).
Inizierò inquadrando il fiore, quindi avrò in campo il soggetto.
Faccio poi partire il rec, attendo un secondo, mi assicuro di avere il cuore del girato con abbondanza, chiudo il rec.
Adesso vorrei lo stesso soggetto con un movimento orizzontale di camera che va da sinistra verso destra. Punto la camera tenendo appena fuori dal piano il soggetto che sta a destra dell'inquadratura, faccio partire il rec, dopo un secondo eseguo il movimento verso destra, catturo il soggetto mantenendo il movimento costante, esco a destra **senza fretta,** facendo uscire il soggetto dal campo, e solo allora, **senza fretta x2**, stacco il rec.
Ci sarà abbondanza di registrazione, ma avrò anche una clip completa sulla quale poter lavorare.

STABILIZZAZIONE

Investi in attrezzature di stabilizzazione, come gimbal o treppiedi fluidi, per garantire clip video fluide e professionali.

Come tutte le cose, è bene capire cosa usare e quando perché tutto, nel mondo video, contribuisce a comunicare un messaggio.

Personalmente non sono un grande amante delle riprese su stabilizzatore e non condivido la scelta di tanti videomaker che per ogni rec mettono la camera su gimbal. Al contrario il 90% del mio girato è a mano libera, poiché non solo è nel mio personalissimo stile, ma perché spesso voglio far passare un messaggio di narrazione in viaggio, di movimento frenetico, di immedesimazione. Una ripresa su gimbal al contrario è perfetta per una narrazione calma, per mostrare una location o come apertura e chiusura di un racconto. Chiaramente esistono sempre le eccezioni ma è inutile avere una stabilizzazione perfetta in una scena che deve raccontare movimento e adrenalina, al contempo è terribile mostrare un soggetto (un'automobile o un edificio) in un'inquadratura ampia e lenta con dei movimenti di camera poco fluidi; avete mai visto delle presentazioni di immobili con camera mossa? Bisogna sempre pensare a ciò che si vuole comunicare.

AUDIO DI QUALITÀ

Dedica tempo e risorse per assicurarti un audio di alta qualità. Un audio di scarsa qualità può compromettere significativamente la qualità del tuo video.

Un video totalmente muto è spazzatura, un video senza audio ambientale e con una musica sopra diventa un videoclip musicale anche se spesso anche in quel caso viene usato un po' di audio ambientale per creare qualcosa di qualità.

APPRENDI IL MONTAGGIO VIDEO

Da editor, mi piacerebbe poterti spiegare come montare un video dall'inizio alla fine, ma scriverlo credo sia impossibile. È necessaria tanta pratica, tanti progetti e tanta pazienza. L'editing video è un'arte totalmente a sé e

in questo campo più che mai, la pratica va di pari passo con
la teoria. Anzi, credo che siano la stessa cosa.
Impara a utilizzare software di montaggio video per
tagliare, unire, aggiungere effetti e migliorare la qualità
complessiva del tuo video.
Esistono tanti software, a pagamento o free. A grandi linee
si assomigliano tutti tra loro ma nello specifico hanno le loro
peculiarità, i loro codec e modi più o meno semplici di
portarti da punto A a punto B. Sperimenta più che puoi.

SPERIMENTA CON FRAME RATE

Gioca con diverse frequenze di frame per ottenere
l'effetto desiderato nel tuo video, sia che si tratti di riprese
in slow motion o di un aspetto più cinematografico.

IN SINTESI

Fotografia e videografia sono forme d'arte affascinanti, e
molti fotografi trovano gratificante esplorare entrambe le
discipline per espandere la propria creatività anche se
possono trovarsi inizialmente spaesati dalla differenza di
approccio.
Ad un certo punto, e ad un certo livello, ci si troverà a un
bivio e occorrerà fare una scelta; video o foto?
È possibile fare entrambi? Certo che sì, ma è bene essere
consci del fatto che sono due cose ben diverse se pur simili,
con dettami e regole differenti e bisogna affrontarli a mente
aperta perché stravolgeranno il vostro apprendimento.
Le fotografie sono immagini statiche che catturano un
singolo momento. I vari formati di immagine consentono una
maggiore profondità di colore e dettagli, ideali per la
stampa e la manipolazione in post-produzione,
Il video invece ti mostra il prima e il dopo della foto, ti
trasmette emozione e racconta una storia.
Oggi giorno anche con piccole realtà si possono fare
manipolazioni e post-produzioni interessanti, con
fotocamere che registrano a 10 e 12bit Raw.
Ricorda che le dimensioni dei file possono variare in base
alla compressione e alla risoluzione dell'immagine; bisogna
trovare il compromesso tra usabilità e qualità.
A differenza della foto, in videografia bisogna fare i conti
con molti più parametri. La soglia dell'attenzione deve

essere al massimo ed è necessario conoscere alla perfezione la propria strumentazione.

VIDEOGRAFIA - STORYTELLING

Lo storytelling in videografia **è l'arte di raccontare una storia** attraverso l'uso creativo degli elementi visivi, come inquadrature, composizione, sequenze di immagini in movimento e stile cinematografico.
Questo approccio mira a coinvolgere gli spettatori in maniera emotiva e narrativa, trasmettendo un messaggio o una storia in modo potente ed efficace.

PRINCIPI DELLO STORYTELLING VISUALE

COMPOSIZIONE CREATIVA

Utilizzare le tecniche compositive, come la regola dei terzi, per creare immagini bilanciate e interessanti è un'ottima base di partenza. Un fotografo abituato ad allestire i suoi shooting si troverà a proprio agio.
Scegliere inquadrature che supportino la narrazione e mettano in risalto gli elementi chiave della storia è lo step successivo.

SEQUENZE NARRATIVE

Organizza le immagini in sequenze logiche che guidino gli spettatori attraverso la storia. Non è semplice, ma cerca di immedesimarti nello spettatore che dovrebbe vedere il lavoro per la prima volta.
Modificare l'angolazione, la prospettiva e la distanza focale per variare l'aspetto visivo delle scene e comunicare il messaggio voluto sono armi da utilizzare.

USO DEL COLORE E DELLA LUCE

Sfruttare il colore e la luce per creare atmosfera e trasmettere emozioni. Colori caldi, freddi, fluo? Cambia totalmente il mood.

Adatta l'illuminazione alle esigenze della storia, utilizzando ombre e luci per enfatizzare determinati momenti o personaggi. Ricordi le varie colorazioni nella fotografia? Stessa cosa.

I MOVIMENTI DI CAMERA CONTANO

Utilizza i movimenti della camera in modo intenzionale per guidare l'attenzione dove vuoi tu e sottolineando i punti cruciali della storia, che sia uno street shooting, un wedding video o un cortometraggio.
Lenti in movimento, zoom, pan e tilt (li vedremo nella sezione successiva) possono essere impiegati per creare dinamicità.

DETTAGLI E SIMBOLI

Incorpora dettagli visivi e simboli che hanno significato nella storia. Sottolineare elementi visivi che possono avere un impatto emotivo o simbolico sugli spettatori.
Ogni cosa è buona per spiegare visivamente ciò che vuoi raccontare.

MONTAGGIO EFFICACE

Organizza le scene in modo logico e fluido durante il montaggio, mantenendo una continuità visiva.
Utilizza tagli, transizioni ed effetti visivi per enfatizzare i cambiamenti di tono o di tempo nella narrazione.

FOTOGRAFIA DI CARATTERE

Rappresentare il carattere e la personalità dei personaggi attraverso l'uso di immagini visive.
Le espressioni facciali, i gesti e il linguaggio del corpo possono svolgere un ruolo cruciale nel racconto.

RITMO NARRATIVO

Questo è per me un punto chiave: adattare il ritmo del video alla storia che si sta raccontando. Scene più lente possono contribuire alla suspense, alla calma, romanticismo, tutto ciò che ha dei ritmi lenti e che si vuole raccontare

lentamente, mentre scene più veloci possono sottolineare l'azione, in dinamismo e fasi concitate.
Ribadisco, è un concetto chiave, in ogni genere di video; troppo spesso ho visto filmmaker "uccidere" un girato fantastico con un montaggio eccessivamente lento o viceversa.

ESEMPIO PRATICO DI VIDEO PROMO

In poche righe proverò ad organizzare uno storyboard per la creazione di un video promozionale. Mettiamo il caso che il cliente sia un'organizzazione benefica che fornisce assistenza alimentare ai bisognosi. Userò lo storytelling per trasmettere il messaggio del mio cliente, l'importanza della campagna e la percezione che dovrò dare allo spettatore questo spot.

COMPOSIZIONE:

Immagini di persone che ricevono cibo da volontari felici. Con la regola dei terzi potrò bilanciare i soggetti principali da quelli secondari.

SEQUENZA NARRATIVA:

Organizzo le immagini con ordine; prima una sequenza che inizia con la preparazione del cibo, poi alla distribuzione e finisce con i beneficiari che ricevono e apprezzano il cibo.

USO DEL COLORE E DELLA LUCE:

Come spiegato in precedenza, i colori predominanti possono passare un messaggio ben preciso.
In questo caso userò colori caldi e luminosità per creare un'atmosfera positiva. Sfrutterò per lo più la luce naturale e dei flare per dare un tocco autentico alle scene.

MOVIMENTI DI CAMERA:

Non voglio rendere il video piatto, quindi utilizzerò movimenti fluidi della fotocamera per seguire i volontari mentre si spostano tra le attività di preparazione e distribuzione del cibo.

DETTAGLI E SIMBOLI:

Voglio sottolineare la positività del messaggio. In questo caso espressioni di gratitudine sul volto delle persone, sorrisi e dettagli vari che mostrano l'impatto positivo del lavoro dei volontari saranno fondamentali.

MONTAGGIO:

Il ritmo deve adattarsi al messaggio positivo della storia, quindi il video avrà dei tagli lenti, sottolineando i momenti chiave senza affrettare troppo la narrazione; tagli troppo frenetici in questo caso potrebbero generare troppo dinamismo e ansia.

In questo modo, lo storytelling visuale non solo trasmette i fatti, ma crea un'esperienza coinvolgente e memorabile che risuona emotivamente con gli spettatori. La videografia diventa così uno strumento potente per comunicare messaggi significativi e connettersi con il pubblico in modo autentico.

I movimenti sono un elemento essenziale nel mondo video, in quanto possono trasmettere emozioni, aggiungere dinamicità e migliorare la narrazione visiva di un film o video.
Alcuni dei principali movimenti di camera possono essere utilizzati per comunicare differenti sensazioni o messaggi. Ogni movimento ha un suo acronimo e un suo scopo, proverò a raggruppare quelli più importanti e utilizzati.

PAN: MOVIMENTO LATERALE ORIZZONTALE

Ideale per esplorazione, collegamento tra due soggetti o ambientazioni, rivelazione di nuovi dettagli.

TILT: MOVIMENTO VERTICALE VERSO L'ALTO O IL BASSO

Espressione del punto di vista, enfatizzazione dell'altezza o della profondità di un oggetto.

ZOOM IN/OUT: VARIAZIONE DELLA LUNGHEZZA FOCALE PER AVVICINARE O ALLONTANARE IL SOGGETTO

Cambio di prospettiva, messa a fuoco su dettagli importanti e variazione dell'attenzione. La camera è ferma, cambia solo la focale.

DOLLY IN/OUT: MOVIMENTO DELLA TELECAMERA IN AVANTI O INDIETRO

Avvicinamento o allontanamento fisico dal soggetto, variazione della prospettiva.

TRACKING: INSEGUIMENTO ORIZZONTALE O VERTICALE DEL SOGGETTO IN MOVIMENTO

Coinvolgimento diretto con il soggetto, enfatizzazione dell'azione. La camera rimane sull'asse verticale od orizzontale.

TRACKING STABILIZZATO: MOVIMENTO FLUIDO DELLA TELECAMERA MANTENEDO L'ASSE IN EQUILIBRIO

Se volessi seguire il soggetto con delle riprese stabilizzate, comunicherei una sensazione di leggerezza, ad esempio seguendo un personaggio attraverso luoghi complessi. Ideale per presentare location o nei piani sequenza. Il suo utilizzo è estremamente variabile ed è importante capire quando usarlo e quando no.

PEDESTAL/BOOM: MOVIMENTO VERTICALE DELLA TELECAMERA

La camera si sposta su e giù senza modificare l'angolazione. È un modo distintivo per controllare la prospettiva e il coinvolgimento dello spettatore all'interno di una scena.

Muovendo gradualmente la telecamera verso l'alto o verso il basso (sempre e solo in altezza), si possono enfatizzare i cambiamenti di prospettiva e rivelare nuovi dettagli. Ciò può essere particolarmente efficace in ambienti con elementi verticali significativi, come paesaggi urbani o foreste.

HANDHELD/MANO LIBERA: MOVIMENTO CAMERA TENUTA IN MANO

I suoi punti forza comunicativi sono il realismo, la tensione e il dinamismo. Viene usato in spot pubblicitari dove il movimento camera segue il soggetto in sequenze concitate, nel cinema nelle scene d'azione, o nel reportage, per aumentarne il realismo. *Personalmente, il mio stile preferito.*

TIME-LAPSE, SLOW MOTION, STOP MOTION

Più che movimenti camera sono tecniche di ripresa.
Ideali per comunicare il passaggio del tempo velocemente o
lentamente o comunque per suggerire dei cambiamenti
graduali o repentini.

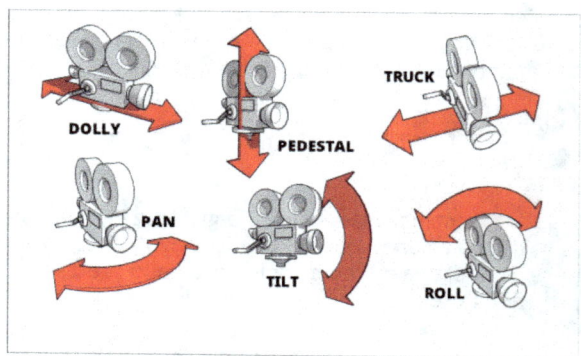

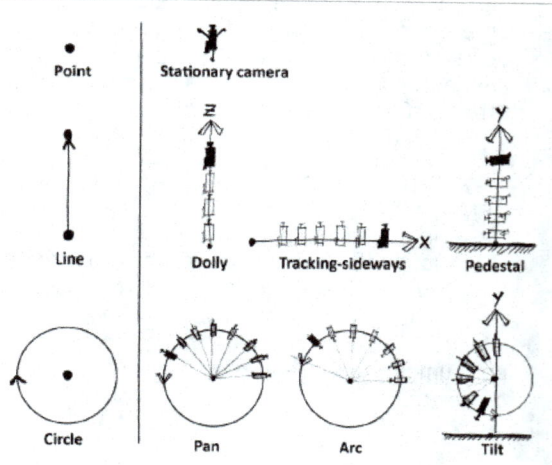

RACK FOCUS: VARIAZIONE DELLA MESSA A FUOCO DA UN OGGETTO A UN ALTRO

Comunica un cambio di focalizzazione dell'attenzione, suggerisce relazioni tra gli oggetti. Solitamente nelle medie e grandi produzioni vengono usati due operatori per queste sequenze: l'operatore e il focus puller (o primo assistente camera).

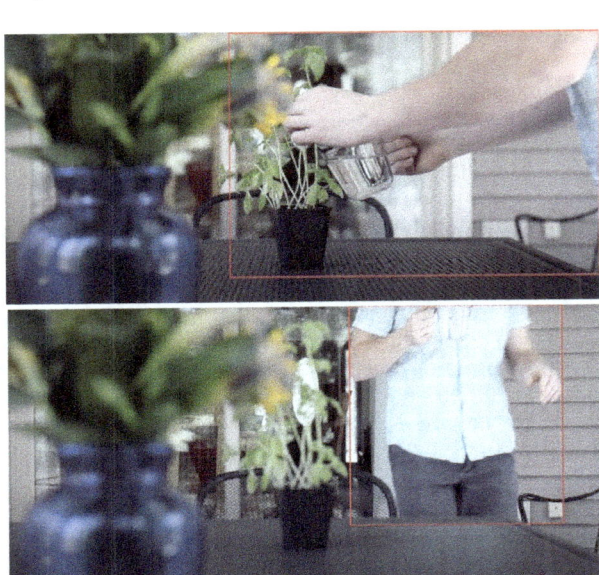

Come sempre, bisogna essere consapevoli e coerenti di ciò che si sta facendo. La scelta del movimento di camera deve essere coerente con la storia o l'emozione che si intende trasmettere.
I movimenti non devono essere una cosa a caso, ma devono supportare la narrazione.

PRATICA E CONTROLLO

L'uso efficace di questi movimenti richiede pratica e padronanza delle attrezzature.
Saperli integrare in maniera coscienziosa e creativa può trasformare significativamente l'esperienza visiva di uno spettatore, aggiungendo profondità, interesse e significato alla storia che si sta raccontando.

Padroneggiati i movimenti di camera diventerà poi istintivo adoperarne uno piuttosto che un altro per comunicare un messaggio preciso, anzi, spesso viene naturale fare un movimento di camera piuttosto che un altro perché il significato di un dato movimento è talmente comunicativo che sembrerà innaturale non farlo.

Le varie angolazioni e inquadrature sono elementi chiave nella creazione di un racconto visivo. Ogni scelta di angolazione e inquadratura comunica un'emozione, enfatizza un dettaglio e contribuisce alla narrazione complessiva. Di seguito ho riportato alcune delle principali angolazioni e inquadrature utilizzate in videografia, assieme ad una piccola descrizione e ad una generica comunicazione allo spettatore.

Prima di farti esplodere la testa, sappi che la cosa è ancora più complessa: le inquadrature si dividono in due categorie, ossia i Campi e i Piani.

Cerco subito di rimediare alla confusione: *I Campi, come suggerisce il nome, è un'inquadratura dove l'ambiente ha la prevalenza sul personaggio/i. I Piani al contrario, danno prevalenza di scena sull'ambiente.*

Le inquadrature, inoltre, si possono differenziare in Dinamiche e Statiche (movimento di camera o senza). Ho creato abbastanza confusione?

LIVELLO OCCHI (EYE LEVEL)

La camera è posizionata all'altezza degli occhi del soggetto. Comunica neutralità e situazione di normalità.

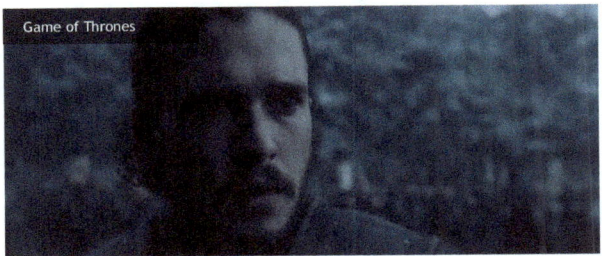

INQUADRATURA DAL BASSO (LOW ANGLE):

La camera è posizionata al di sotto del livello degli occhi del soggetto e inquadra dal basso verso l'alto.
Comunica una situazione di predominanza, potenza, autorità, superiorità.

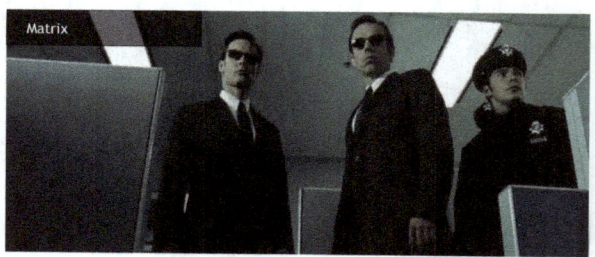

INQUADRATURA DALL'ALTO (HIGH ANGLE):

La fotocamera è posizionata al di sopra del livello degli occhi del soggetto. In teoria vorrebbe comunicare vulnerabilità, sottomissione, inferiorità del soggetto, ma tanto dipende dalla distanza del soggetto dalla camera.

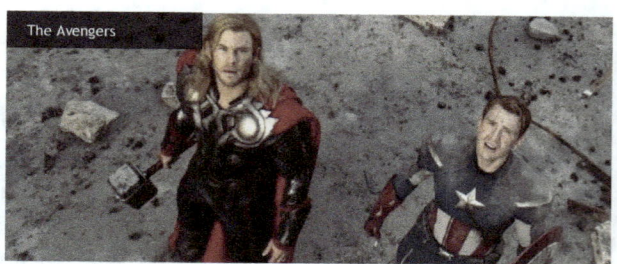

IN PICCHIATA (BIRD'S-EYE VIEW) O A PIOMBO:

La fotocamera è posizionata molto più in alto rispetto al soggetto, guardando verso il basso.
Isolamento, distacco, prospettiva panoramica.

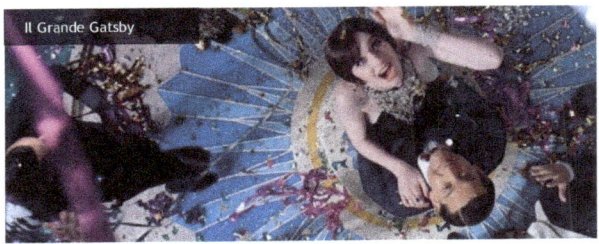

IN PICCHIATA INVERTITA (WORM'S-EYE VIEW):

Al contrario del bird's eye, la fotocamera è posizionata molto più in basso rispetto al soggetto, guardando verso l'alto.
A regola la comunicazione sarebbe come il low angle ma con più enfasi, quindi sovrastamento, grandezza, prospettiva "sottomessa", ma tutto si rimette al contesto alla scelta artistica.

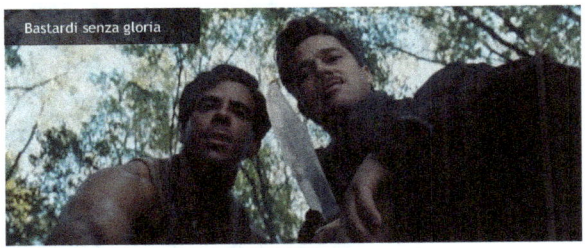

AEREA (AERIAL VIEW):

La ripresa aerea, effettuata sia con l'ausilio di un elicottero o da un drone, viene catturata dall'alto. Stabilisce una grande distesa di paesaggi e contestualizza perfettamente la scena.
Oggigiorno, con l'avvento di droni economici, questo tipo di fotografia/ripresa è diventata più accessibile. Un tempo non

troppo lontano era considerata un'inquadratura di lusso e ad alto budget, oggi è alla portata di quasi tutte le produzioni.

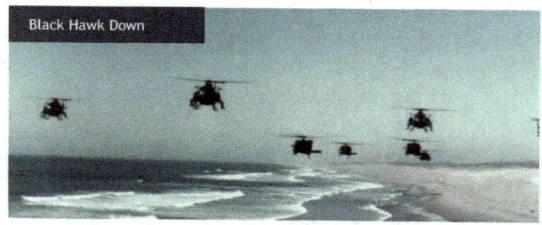

DUTCH ANGLE:

La fotocamera è inclinata su un lato, creando un effetto visivo distorto.
Disorientamento, tensione, instabilità ma viene usato molto anche nel reportage e nello street photography.

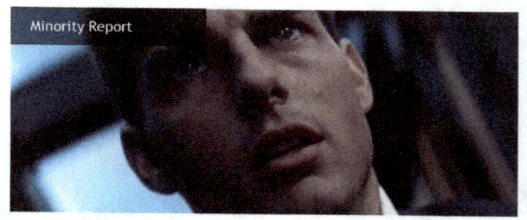

PRIMO PIANO:

È il classico ritratto ravvicinato di un volto o di un oggetto, volto a catturarne i dettagli.
Comunica intimità ed enfasi su dettagli espressivi.

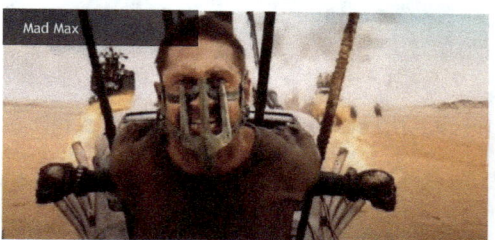

RAVVICINATA - CLOSE-UP:

Inquadra un dettaglio estremamente ravvicinato, talmente vicino che spesso solo una parte del viso o dell'oggetto è in camera.
Ha una comunicazione più intensa del primo piano, vuol far percepire un'emozione o una situazione di importanza estrema.

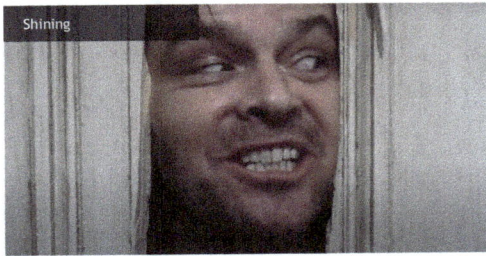

PIANO AMERICANO:

Inquadra il soggetto dal di sopra delle ginocchia in su. In inglese il suo nome è Cowboy shot, infatti deve il suo nome ai film western, dove l'inquadratura aggressiva che simboleggiava coraggio, veniva centrata sul volto del personaggio ma anche sul calcio della pistola. Insomma, il ruolo principale non era più il volto, bensì anche del corpo.

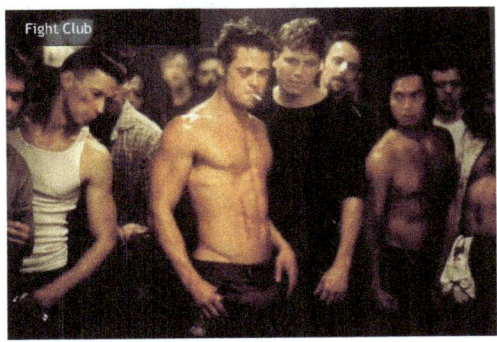

MEZZO BUSTO – MEDIUM SHOT:

Inquadratura leggermente più stretta del piano americano. Il personaggio è tagliato a metà e l'inquadratura lo incornicia dalla testa alla vita circa. Con questa inquadratura si vuol comunicare che il personaggio è importante tanto quanto ciò che sta facendo.

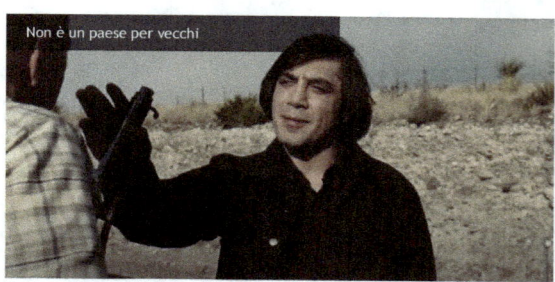

Non è un paese per vecchi

PIANO INTERO – LONG SHOT:

Si inquadra l'intero soggetto dalla testa ai piedi. Ai fini della narrazione lo si usa per svariati motivi, principalmente per contestualizzare il soggetto, un intermezzo o interazioni varie con l'ambiente. Il soggetto è comunque più importante dell'ambiente che lo circonda.

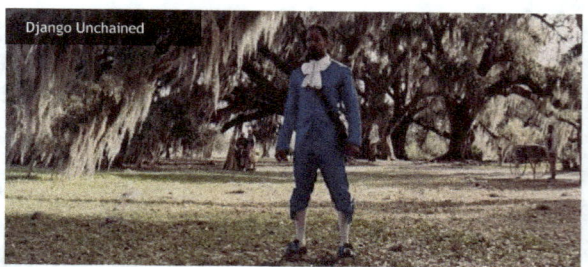

Django Unchained

PIANO LUNGO (WIDE SHOT) INQUADRATURA AMPIA:

Si mostra il soggetto in modo che occupi una porzione minima dello schermo, catturando un'ampia vista dell'ambiente. Ambientazione, spazio, spaesamento, un percorso, relazione tra il soggetto con l'ambiente circostante sono le chiavi di comunicazione.

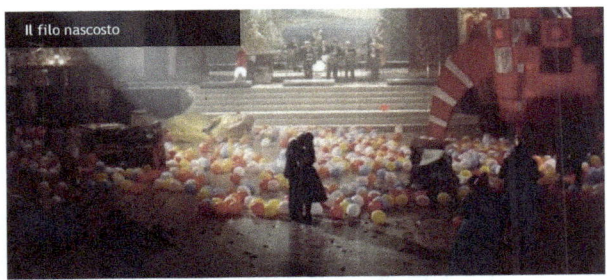

ESTABLISHING SHOT O INQUADRATURA DI CONTESTO:

È un'ampia inquadratura che stabilisce l'ambiente o la location di una scena.
Comunica il contesto generale ed è utile anche come transizione tra le scene.

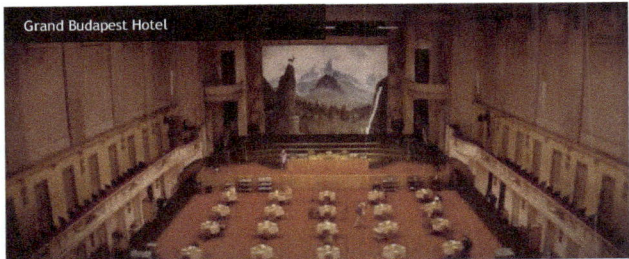

INQUADRATURA DI QUINTA O REVERSE SHOT:

L'elemento principale è parzialmente nascosto da un elemento in primo piano. Spesso si utilizza nelle conversazioni o nei confronti, inquadrando un personaggio di spalle verso un altro personaggio. È una cornice naturale e lo si utilizza per focalizzare l'attenzione. Quando l'inquadratura si alterna tra i due interlocutori, si ha un Reverse Shot.

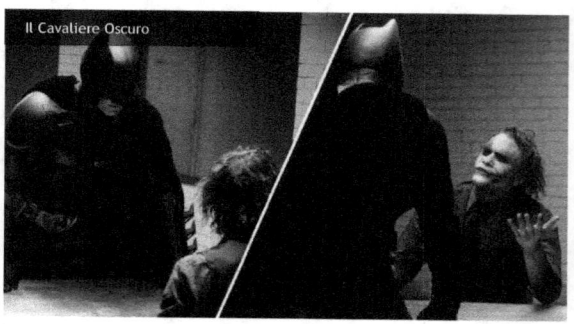

OVER-THE-SHOULDER:

Inquadra il personaggio principale da dietro la spalla di un altro personaggio. Si utilizza solitamente nei dialoghi e aumenta il coinvolgimento dello spettatore nella prospettiva del personaggio principale.

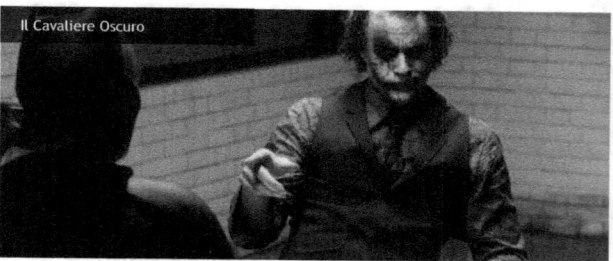

POINT OF VIEW (POV):

La scena viene inquadrata dalla prospettiva del personaggio, mostrando ciò che il personaggio vede.
Il messaggio è il coinvolgimento diretto dello spettatore nella prospettiva del personaggio, puro e semplice.

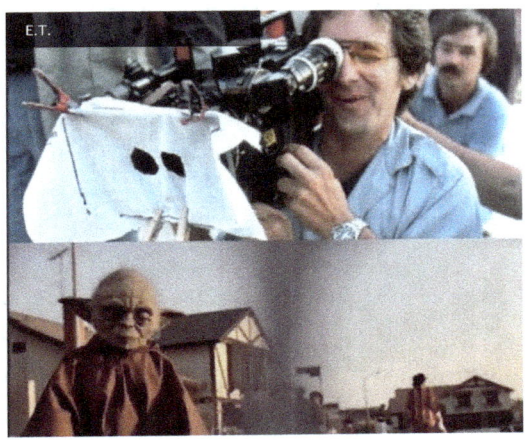

CONSIGLI PRATICI

Ogni tecnica di inquadratura ha un significato visivo specifico. Scegli la tecnica che meglio si adatta alla tua storia e al tuo messaggio.
Varia le tecniche di inquadratura per mantenere l'interesse visivo e sottolineare i momenti chiave della storia.
Ricorda di sperimentare. Le regole sono utili per avere la concezione di cosa si sta facendo, ma spesso è bello prendersi delle libertà artistiche.

VIDEOGRAFIA - PIANO SEQUENZA

Un piano sequenza è una tecnica cinematografica in cui un'intera scena viene catturata in un unico e continuo piano senza interruzioni o tagli di montaggio. **In altre parole, è una lunga ripresa che può durare da pochi secondi a diversi minuti**, mostrando l'azione senza interruzioni visive. Sono scene ben pianificate ed elaborate dove serve grande capacità di regia e bravura sia da parte degli attori che degli operatori in quanto dovranno essere tutti perfettamente sincronizzati.

ALEJANDRO G. IÑÁRRITU: **BIRDMAN**

La storia del film sembra svolgersi in un unico e continuo movimento, dando l'impressione di una singola ripresa senza tagli. Iñárritu è uno dei massimi esponenti di piani sequenza e si dimostra un maestro anche nella sequenza iniziale di Revenant.

DAMIEN CHAZELLE: **LA LA LAND**

Non solo film ma anche musical. Il piano sequenza iniziale è molto coinvolgente: è la scena che si svolge su un'autostrada bloccata. La coreografia elaborata e la continuità senza tagli contribuiscono a stabilire il tono del musical.

MARTIN SCORSESE: **GOODFELLAS**

Il film include un celebre piano sequenza in cui il protagonista entra in un locale attraverso la porta sul retro. La camera, in una lunga sequenza senza tagli, segue i personaggi attraverso corridoi e dietro le quinte, creando un senso di immersione nel mood del film.

Ne esistono tanti tipi e sono in continua evoluzione. Fondamentalmente sono il mezzo con cui si vuole comunicare uno scopo. Chiaramente, uno scopo è un messaggio sempre diverso, quindi anche la tecnica deve essere diversa.

Queste vengono utilizzate nei contesti più disparati quali cinema, tv, streaming online, social media e così via. Ne ho preparate giusto alcune per dare un'idea di massima.

NARRATIVA LINEARE E NON LINEARE:

La storia segue una sequenza cronologica di eventi. È la forma di narrazione più tradizionale, tipica dei film e delle serie TV, dove gli eventi si svolgono in un ordine logico. Al contrario, quando la storia presenta salti temporali o la storia viene presentata a frammenti, si ha un **racconto non lineare.**

DOCUMENTARIO:

La narrazione si basa sulla realtà e sulla documentazione di fatti, eventi o persone reali. Può includere interviste, immagini di repertorio e riprese sul campo.

VIDEOCLIP MUSICALE:

La storia è spesso guidata dalla musica e dalle immagini visive che accompagnano una canzone.

VIDEO COMMERCIALE E PUBBLICITARIO:

Raccontare una storia (storytelling) per promuovere un prodotto, un servizio o un'idea.

VIDEO COMMERCIALE ANIMATO

Si racconta un prodotto o un servizio tramite illustrazione animata. Spesso lo si usa per spiegare un concetto o un prodotto difficile da comprendere; così facendo la spiegazione diventa immediatamente assimilabile.

VIDEO EDUCATIVO E TUTORIAL:

La narrazione è finalizzata all'insegnamento di concetti o competenze specifiche. Ci si focalizza meno sul brand e più sulle informazioni da comunicare pubblico. Di solito i protagonisti di questi video sono persone interne all'azienda che parlano in prima persona, illustrando le potenzialità del prodotto o servizio da promuovere.

VIDEO SOCIAL MEDIA:

Contenuti brevi progettati per essere condivisi su piattaforme di social media. Spesso si concentrano su storie immediate e coinvolgenti.

LIVE STREAMING:

La narrazione si svolge in tempo reale, coinvolgendo gli spettatori attraverso la trasmissione di eventi o attività dal vivo.

VIDEO DI EVENTI:

Congressi, ricorrenze, lanci di nuovi prodotti e servizi documentati in live. Sono un ottimo modo per raccontare un evento, ripercorrendo i momenti salienti, dall'organizzazione allo svolgimento.

CORTOMETRAGGIO E WEB SERIE:

Storie più brevi rispetto a film o serie TV tradizionali, spesso distribuite online.

REPORTAGE:

Cattura eventi e situazioni della vita reale in modo spontaneo e senza intervento diretto del regista. Quest'ultimo, inconsapevolmente, è uno degli stili più usati tra i videomaker moderni, facendone largo uso anche nel mondo dei matrimoni o eventi in genere.

VIDEOGRAFIA - LA GRAMMATICA FILMICA

La grammatica filmica include molte regole e tecniche che vengono utilizzate per creare una narrazione visiva coerente e coinvolgente. Il concetto di "campo" e "controcampo" è una parte importante di questa grammatica, contribuendo a definire la relazione spaziale tra i soggetti in una scena. Ecco cosa significano e come vengono utilizzati:

CAMPO:

Il "campo" si riferisce a ciò che è visibile nell'inquadratura della telecamera in un determinato momento. È l'area specifica che la telecamera sta catturando; tutto ciò che rientra in questa area è considerato parte del campo visivo. Il campo può includere uno o più soggetti, oggetti, sfondi o qualsiasi altro elemento rilevante per la composizione della scena.

CONTROCAMPO:

Il "controcampo" è un concetto complementare al campo. Si riferisce all'inquadratura che mostra ciò che il soggetto del campo sta vedendo o risponde a ciò che sta accadendo nel campo principale. In altre parole, il controcampo è una prospettiva alternativa che può mostrare la reazione di un personaggio, una parte diversa della scena o semplicemente offrire una nuova prospettiva visiva.

IL LORO UTILIZZO NELLA NARRATIVA CINEMATOGRAFICA:

1   **Dialoghi e conversazioni:** Nelle scene di dialogo, il campo e il controcampo sono spesso utilizzati per mostrare il punto di vista dei diversi personaggi. Quando un personaggio parla, la telecamera può

catturare il suo campo, mentre il controcampo mostra la reazione dell'altro personaggio.

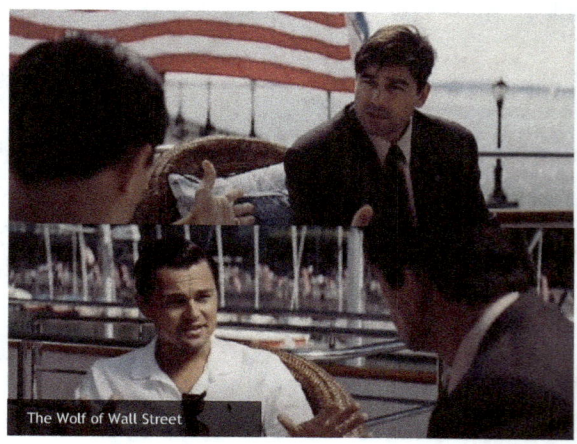

The Wolf of Wall Street

2 **Tensione e Suspense:** Il cambio tra campo e controcampo può essere utilizzato per creare tensione o suspense in una scena. Ad esempio, mostrare il volto di un personaggio in preda al panico nel campo, seguito da un controcampo che rivela ciò che sta spaventando il personaggio.

3 **Azioni parallele:** In situazioni in cui diverse azioni stanno avendo luogo contemporaneamente in luoghi diversi, il campo e il controcampo possono essere utilizzati per intercettare le diverse azioni, offrendo allo spettatore una visione completa della situazione.

4 **Rivelazioni drammatiche:** Il controcampo può essere utilizzato in modo efficace per rivelare qualcosa di significativo. Ad esempio, il campo può mostrare l'espressione di sorpresa di un personaggio, seguito da un controcampo che rivela la causa della sorpresa.

5 **Scambio di sguardi:** I cambi tra campo e controcampo sono spesso utilizzati negli scambi di sguardi tra i personaggi. Questo può essere

particolarmente efficace per comunicare emozioni, tensione romantica o conflitti.

6 **Scene d'azione:** Nelle scene d'azione, il campo e il controcampo sono cruciali per catturare movimenti veloci e mantenere la coerenza spaziale.
L'alternanza tra queste prospettive può rendere la sequenza più dinamica e coinvolgente.

In sintesi, il campo e il controcampo sono strumenti fondamentali nella grammatica filmica per costruire la narrativa visiva, gestire la tensione, mostrare reazioni e mantenere la chiarezza spaziale nelle scene cinematografiche.

VIDEOGRAFIA - REGOLE E CONSIDERAZIONI TECNICHE

LINEA D'ASSE (AXIS OF ACTION)

Durante le riprese, è importante mantenere la coerenza nella linea d'asse tra il campo e il controcampo per evitare confusione nella direzione degli sguardi dei personaggi.

REGOLA DEI 180 GRADI

Per garantire la coerenza spaziale, si segue spesso la regola dei 180 gradi, che stabilisce una linea immaginaria tra i personaggi e mantiene la telecamera su un lato di questa linea.

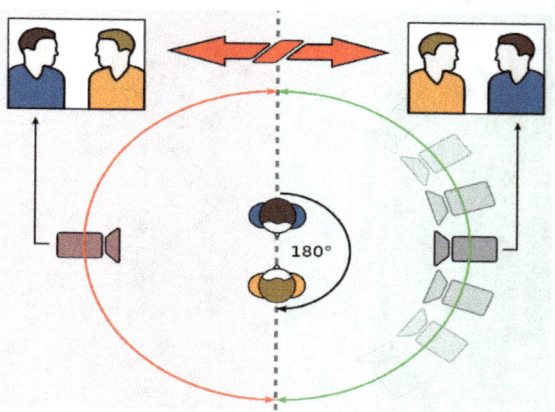

RITMO NARRATIVO

Il ritmo della storia può essere influenzato dalla frequenza con cui vengono utilizzati il campo e il controcampo. Cambi frequenti possono creare dinamismo e concitazione, mentre prolungati campi o controcampi possono enfatizzare determinati momenti.

SCAVALLAMENTO DEL CAMPO

Tenendo in mente che la regola dei 180 inserisce una linea immaginaria tra i personaggi, il discorso dello scavallamento (o scavalcamento) è strettamente legato a questa linea (linea d'asse o asse d'azione).

In poche parole, lo scavallamento avviene quando, durante le riprese, la telecamera supera la linea d'asse e cambia l'angolazione da cui viene ripresa la scena. Questo può portare a un'inversione della posizione dei personaggi o degli oggetti nello spazio, generando confusione visiva per gli spettatori.

Immagina due personaggi che stanno avendo una conversazione. La telecamera A è posizionata su un lato della linea d'asse e riprende il personaggio A. La telecamera B è posizionata sull'altro lato e riprende il personaggio B. Se durante le riprese la telecamera A attraversa la linea d'asse per inquadrare il personaggio B, si verifica lo scavallamento del campo.

Come avrai notato, quest'ultima sezione è fuori categoria, anche se fa parte della Videografia. La reputo una sezione bonus perché è strettamente personale.
Se per tutto il libro ho parlato di teoria, da qui alla fine vorrei parlare solamente della mia confort-zone, quella dove ho deciso di stabilirmi anni fa e operare fino a quando non mi stancherò di questo giochino: il mondo del Wedding Video.
Se il campo non ti interessa minimamente, possiamo salutarci qui, in caso contrario ti darò alcuni consigli di **teoria applicata** frutto di studio e anni di esperienza sul campo.
Il mio scopo non era quello di portarti infine qui (magari sei già un wedding videomaker) ma dare un ordine alle idee.
Sono partito dalle primissime basi di fotografia, necessarie per poi prendere la prima svolta e virare sul mondo del Video. Da qui ho cercato di essere generico nelle nozioni e non troppo caotico (perché ogni declinazione ha un ramo a sé, ricordi le categorie degli Editor o Colourist?).
Con quest'ultimo capitolo voglio a modo mio ringraziare tutte le persone che si sono interessate al mio lavoro degli ultimi anni (che per lo più sono videografi e fotografi matrimonialisti) e lasciare loro qualcosa di mio.

MANTIENI ALTA L'ATTENZIONE DEL TUO VIDEO

I grandi film di matrimonio attirano l'attenzione del pubblico non appena inizia e la mantengono per tutto il film.
Io col mio stile riesco a tenere alta l'attenzione di chiunque per 5,10 o 13 minuti, ve lo assicuro. E tengo alta l'attenzione non solo degli sposi che ritirano il loro prodotto, troppo facile, ma quella di altre persone sconosciute, come ad esempio futuri clienti. Non è sempre stato così e **ci ho lavorato per arrivare fin qui.**
Sfortunatamente però, nel tempo ho visto troppi videomaker di matrimoni impantanarsi nel loro editing, e parlo anche di professionisti che stanno sul campo già da qualche anno.

Riprese casuali senza storytelling, troppi dettagli e troppe poche inquadrature sulle persone, tagli a caso e con allacci in altre sequenze a caso, sequenze eccessivamente lunghe, ritmi lunghi e troppo blandi.

Esempio lampante: clip eccessivamente lunghe e concentrate sulla cerimonia, specie dove la coppia sta pronunciando i propri voti e quest'ultimi incredibilmente lunghi e prolissi.

Invece di fare modifiche creative per ridurre queste lunghe sequenze, magari tagliando l'audio nelle parti salienti e lasciarlo andare mentre sotto girano un paio di clip dello shooting esterno con gli sposi o simili, il videomaker li lascerà tutti lì, nella loro completezza, magari per tre o quattro minuti.

Ciò si traduce in un enorme problema di ritmo con il film, portando a un punto in cui ci si annoierà e si smetterà di guardarlo o si cercherà di resistere a questo momento esasperante.

Per evitare di perdere l'attenzione del pubblico, devi essere molto attento al ritmo del tuo film mentre lo stai montando ed evita di soffermarti sui momenti eccessivamente lunghi.

Come detto in precedenza, su una clip di promesse lunghe, magari quelle di in una cerimonia simbolica, prova a lasciare l'audio del discorso a fare da base, poi alterna le sequenze video del discorso a quelle di altro, come ad esempio dettagli dei preparativi sposi, dettagli abiti, o situazioni pacate e cariche di significato quali appunto quelle dello shooting portrait.

Le clip esterne al discorso devono dare la percezione di diversità, trasportare lo spettatore in uno stato di "sto guardando e ascoltando i voti degli sposi ma non so cosa succederà a breve perché ai voti vengono intervallate altre immagini degli sposi", e per aiutare questo distaccamento temporale è bene usare inquadrature totalmente diverse da quelle dei discorsi (piani larghi, piani ravvicinati, piani dall'alto, ecc.). A tenere unito il percorso "audio-visual" ci penserà la traccia del parlato degli sposi che nel frattempo sta sfilando sotto.

CONSIGLIO:

Guarda il montaggio del tuo film finito e presta molta attenzione a quanto rimani a lungo su parti specifiche del matrimonio.

Evita di soffermarti su una parte in particolare (come i voti

o la preparazione della coppia).
Ricorda che migliore è il ritmo del tuo film, più è probabile
che il tuo pubblico continuerò a guardarlo.
Trova il modo di tenere alta l'attenzione per tutta la sua
durata. Un montaggio non lineare può aiutare nel tuo
intento ma attenzione allo Storytelling, il caos è dietro
l'angolo e il rischio è quello di creare un mega trailer di
dieci minuti.

CONSIGLIO PRATICO:

Guarda il film del tuo matrimonio in modalità muto e
presta attenzione a quanto dura ciascuna delle clip (questo
è un trucchetto che mi hanno insegnato in accademia ma è
sempre attuale). Se alcune clip sembrano troppo lunghe o
troppo corte senza audio, ci hai visto giusto.
Modificane la lunghezza e migliora il ritmo.

MUSIC VIDEO O WEDDING VIDEO?

Qual è la differenza tra un video musicale e un film di
matrimonio? **La risposta è l'audio naturale e parlato** (e non
è così scontato come sembra).

Per audio naturale intendo quello della cerimonia, i brindisi,
lettere, discorsi, applausi, schiamazzi, insomma, tutto ciò
che aiuta a raccontare la storia della coppia in maniera
personale.
Se vuoi far salire di livello i tuoi film di matrimonio e creare
potenti storie emotive è necessario includere l'audio nel tuo
film, e intendo l'audio di tutta la giornata. Si parla di
percorso "audio-visual" proprio perché deve essere visto ma
anche ascoltato. Devi essere capace di vedere il tuo video
senza audio per una questione di fluidità ma anche capire
cosa sta succedendo in un dato momento del video senza
vederlo.
A differenza di un videoclip musicale, qui hai tra le mani
una piccola bomba emotiva, capace di far emozionare lo
spettatore in qualsiasi momento, sarai tu a decidere come e
quando. E parlando in termini di emozioni, non intendo per
forza pianti e singhiozzi, non è detto che sia quello il mood
giusto. Una situazione emotiva può raccontare aneddoti

romantici, tristi, allegri, goliardici, non importa. Il tuo compito è quello di riprendere sia video che audio di ciò che è stato, nelle migliori condizioni possibili.

Questo richiederà più lavoro è chiaro, sia in fase di produzione che di editing, ma se ti prendi il tempo per sviluppare questa abilità narrativa attraverso l'audio che hai registrato quel giorno, creerai film di matrimonio notevolmente migliori e che le coppie vorranno guardare più a lungo (e fidati che saranno ben felici di pagare di più).

RICORDA CHI SONO I PROTAGONISTI

È dal 2016 che faccio video matrimoniali e ci sono passato anche io, ecco perché voglio sbatterti in faccia la cruda verità che nessuno mi disse mai: *il wedding video parla di persone, non di dettagli.*
Nel corso degli anni ho visto tanti video e qualcuno ho avuto la fortuna di analizzarlo nel dettaglio in fase di videolezione privata: tantissime volte ho notato lo stesso problema, ossia che in media vi vogliono circa 40 secondi per far sì che la coppia venga vista. Prima di questo, una carrellata di dettagli come dronate, fiori, anelli, scarpe, sedie vuote, ecc. Sono scelte, no? "Scelte artistiche", mi dicono, "l'ho fatto per una questione di storytelling".

La coppia di sposi ha pagato per i dettagli, allestimenti, oggetti, riprese aeree, ed è giusto che le abbia nel video; sarà super felice di rivedere i loro sforzi ben documentati. Quindi, dico che è un errore ma sto anche dicendo non è sbagliato inserire questo genere di clip, dove voglio andare a parare?

I dettagli vanno inseriti, ma dopo. Hai tutto un video per inserire i dettagli, ma lo scopo è attirare l'attenzione immediatamente. Mettiti nei panni di uno spettatore esterno all'evento: la maggior parte di questi smetterà di guardare il film prima ancora di vedere la coppia, perché le sequenze iniziali scelte sono noiose. Nessuna coppia, solo dettagli.

Purtroppo, oggi c'è sempre meno pazienza e la soglia dell'attenzione del pubblico sta diventando sempre più breve (il pubblico di oggi vuole tutto e subito) e se tutto ciò che viene mostrato sono filmati di alberi e sedie da cerimonia vuote, non rimarranno ad aspettare molto, lo skip sarà inevitabile.

Ca va sans dire: un film di matrimonio parla di persone, non di dettagli. Mostra la coppia nei primi 10 secondi del film del matrimonio e metti i dettagli e tutto ciò che fa da "contorno" più avanti nel film. Stiamo parlando di un semplice trailer? Meglio ancora, riduci i dettagli all'osso, la priorità in questo caso è la coppia, punto.

EDITING RAPIDO, QUESTIONE DI MENTALITÀ

I miei primi anni di editing video, avevo un'ansia terribile dovuta alla fretta e all'affanno di dover consegnare tutto e subito. Ce l'ho tuttora, l'ansia, perché fondamentalmente sono una persona ansiosa (mi mette ansia anche scegliere cosa mangiare) ma se è sana aiuta a stare concentrati. Insomma, senza divagare troppo, nei miei primi anni da editor di matrimoni non appena avevo del tempo libero lo passavo a lavorare al pc, perché cercavo di montare il più velocemente possibile. Il fatto è che non lo ero davvero, veloce intendo.

Questo perché arrivavo da un percorso di studio dove la più piccola imperfezione era da bocciatura; quindi, si cercava il cosiddetto "pelo nell'uovo" e tutto questo in un video di wedding reportage è poco utile, forse deleterio. Non mi ero mai preso il tempo di ricalibrare la mia mentalità per il wedding video.

Ok essere perfezionisti, ma nessuno è esente dagli errori, semplicemente in un video matrimoniale è inutile cercare una mascheratura perfetta al pixel e frame-by-frame: non stai sicuramente facendo il wedding video di Christopher Nolan.

Ho sempre la sensazione di perfezionismo, quella fa parte del gioco e aumenta col passare degli anni, ma grazie all'esperienza è cambiata la mentalità e con essa metodo e approccio al lavoro.

Dimmi se questa frase ti suona familiare:

"La perfezione è nemica del progresso".

La mia mentalità in quei primi anni di montaggio era una mentalità di perfezione; lo è ancora, i miei video devono essere apparentemente perfetti agli occhi di sposi e colleghi.

Ciò che non capivo era che i miei video fossero perfetti in ogni parte, non solo con tagli e transizioni perfetti che si adattassero perfettamente al video ma tra 1000 tagli volevo sempre quello con l'inquadratura, il flare, la luce, il bilanciamento migliore. Questa mentalità di perfezione mi stava portando via tempo ed energie. Ti ci rivedi in questo?

Allora cosa è cambiato? Mi sono reso conto che non avevo uno schema per scegliere la clip migliore, ne sceglievo una, poi altre 10 o 20, sottolineando che la nuova clip era migliore della precedente per poi tornare, infine, alla clip originale che avevo scelto.

In effetti, il 90% delle volte la prima clip che ho scelto è stata la clip che ho finito per usare, anche se in seguito ho provato dozzine di altre clip. Il mio subconscio sapeva quale clip avrei dovuto usare.

Quindi, come può aiutarti tutto questo "pippone"? Ricorda prima di tutto che la perfezione è nemica del progresso e non è necessario che un video sia perfetto, soprattutto quando si selezionano clip da utilizzare per la prima volta.

Invece, se vuoi progredire nell'editing più velocemente, voglio che tu scelga la prima clip che pensi possa funzionare nel tuo video. Quindi prova a sceglierne un'altra. Fidati che il tuo subconscio sa già quale delle due usare! Non stressarti per la messa a punto delle cose, inserisci le clip sulla timeline il più velocemente possibile. È più importante che tu abbia filmati sulla timeline piuttosto che il filmato sia perfetto. In questo caso il pre-cutting aiuta nella scrematura iniziale. Investire del tempo, a inizio lavoro, per preparare le clip da inserire poi in timeline non è tempo perso, è tempo investito.

La cosa incredibile è che guarderai il tuo video e all'improvviso ti renderai conto che sembra buono! Non sarà perfetto, ma ricorda che non stai cercando la perfezione in questo momento, vuoi sfruttare il potere del tuo subconscio (che ha ragione il 90% delle volte). Col tempo imparerai ad affinare questa tecnica unendo velocità a perfezione (quasi).

Una delle più grandi difficoltà che ho visto e sentito, sia da videomaker nuovi ma anche da quelli esperti, è la continua lotta per modificare rapidamente i video; è il santo Graal. Veloce e di qualità, ti suona familiare?

Blocco creativo, video lungo, software editing ostico, energie a terra, troppi video montati in troppo poco tempo e le idee scarseggiano. Puoi aver registrato le migliori clip di sempre, ma quando arriva il momento dell'editing, una di queste situazioni potrebbe bloccare il tuo flusso di lavoro.

Voglio dimostrarti che con alcuni accorgimenti puoi tornare a modificare velocemente e distruggere i tuoi blocchi creativi; con me ha funzionato e funziona tutt'ora.

Partiamo dalla tua mentalità quando si tratta di editing video e di come puoi affrontare il montaggio in modo diverso per evitare di rimanere bloccato.

La maggior parte degli editor video si avvicina all'editing in modo lineare (ricordi gli storytelling lineari e non lineari?). Modificano un video dall'inizio alla fine, iniziando con un'introduzione, raccontando una storia (*se non racconti una storia stai sbagliando qualcosa*) e finendo con una conclusione.

Il problema è che questo metodo di modifica dall'inizio alla fine può spesso comportare un blocco creativo, in cui tu come editor ti ritroverai a chiedere: "Cosa verrà dopo?" E se non hai la risposta a questa domanda, puoi rimanere bloccato per minuti, ore o giorni prima di capirlo.
Nel peggiore dei casi ti ritroverai a inserire sequenze a caso senza il minimo senso pur di continuare a lavorare; ci ho preso o no?

Da collega ti dico che non devi fare le cose in questo modo, non per forza. **Invece di modificare in modo lineare, prova a modificare in modo non lineare** (e qui la miccia della creatività inizia ad accendersi).

Inizia a modificare la parte del tuo video che ti piace di più. Se stai montando un film di matrimonio e sei molto gasato per la parte della festa, mostra questo tuo stato d'animo tramite un editing fuori di testa. Convoglia le migliori energie nelle parti che ti hanno entusiasmato di più e fai passare questo messaggio allo spettatore.
Oppure puoi iniziare modificando le parti con il parlato o

ancora preparare una bozza della fine del video, o intavolare sia l'intro che la fine; ogni video ha bisogno di un inizio e di una fine; quindi, concentrati prima sulla modifica di queste macro-parti. Il resto del tuo video si unirà facilmente nel mezzo.

Questo non vale solo per i wedding video, se stai modificando un video di YouTube e sei molto entusiasta di mostrare qualcosa di interessante, modifica prima quella parte del video. Oppure un video aziendale; hai molti B-Roll? Parti da quelli.

Edita letteralmente all'indietro.

Quando ho una scena che so che deve accadere in una determinata parte del mio video, prima la modificherò e poi lavorerò all'indietro, clip per clip per riempire il resto. Ricorda solo di premere play ogni tanto per assicurarti che le cose vadano bene. Questo metodo inizialmente potrebbe creare confusione, ma ti assicuro che per "imbrogliare" una mente creativa e farla uscire da una situazione di stallo è un toccasana.

Una volta che inizi a combinare insieme tutti questi metodi di modifica, se mai ti dovessi ritrovare nuovamente bloccato, potresti semplicemente cambiare il metodo e ripartire.

TIPS AND TRICKS

Questi piccoli accorgimenti sono applicabili a qualsiasi contesto, non necessariamente ai matrimoni.

CRITICA COSTRUTTIVA

Hai appena terminato il tuo video, che sia un promo, un BTS, un wedding video, quello che vuoi. Insomma, hai chiuso tutto ed esportato, lo hai mostrato ai clienti e loro ti hanno detto che lo adorano.
Però hai una voce in testa che si chiede se quel video sia effettivamente buono. Il cliente ti ha detto così solamente perché è il suo video, oppure è oggettivamente bello?

Quindi ti ritrovi a chiedere ad amici o familiari, cosa ne pensano, e per loro è ok. Però dentro di te sai che non basta perché loro non sono dei videomaker.

Ciò che dovresti fare quindi è farti analizzare il video da un collega, chiedendogli di essere il più sincero possibile e ricordando a te stesso di essere il più mentalmente aperto possibile. Probabilmente non sarai sempre d'accordo con ciò che ti verrà detto, ma cerca di prendere le informazioni come un nuovo punto di vista. Nella maggior parte dei casi, il tuo occhio, anche se esperto e allenato, si abitua a determinate sequenze; quindi, si impigrisce e smette di vedere degli errori o piccole imperfezioni, tutte cose che uno spettatore alla prima visione riesce a notare al volo.

Un'altra cosa che credo di aver già scritto è che dobbiamo essere noi, i nostri primi critici, quelli più feroci e obbiettivi. Solo con una grande autocritica possiamo crescere.

SLOW MOTION OVUNQUE

Seriamente, smettete di tirare fuori dal vostro programma di editing solamente video in slow.
Lo slow-motion ha uno scopo narrativo ben preciso, inutile metterlo ovunque. Immagina un video matrimoniale di 15 minuti interamente in slowmo, abbatte ogni cambio di ritmo, mood, ogni qualsivoglia emozione, diventa semplicemente un tentativo di highlights con immagini lente e senza corpo.
Piuttosto, gira in 50fps (o 100) e poi porta in slow solo

alcune situazioni, o divertiti con le speed-ramp per degli editing creativi (si, lo puoi fare anche nei wedding video, i miei ne sono pieni).

USA LA STRUMENTAZIONE CON UNO SCOPO

Un treppiede per domarli, un monopiede per trovarli e un gimbal per ghermirli ed-ecco-come-ti-rendo-tutto-il-video-statico.

Provocazioni a parte, bisogna sempre ragionare in termini di messaggio da comunicare allo spettatore.

Al giorno d'oggi possiamo contare su tanta ottima attrezzatura, ben accessibile, ma che va usata con uno scopo.

Cosa succederebbe se nella scena di uno spot automotive, mentre la macchina è ferma la camera fa un movimento dolly-in tutto traballante? E se durante le scene di movimento, l'auto in corsa viene ripresa con inquadrature statiche? O panoramiche su treppiede?

Che messaggio passerebbe se durante una festa molto movimentata di un matrimonio, dove tutti si scatenano, il tutto venisse ripreso costantemente con un gimbal perfettamente in asse o, peggio ancora, da un monopod, piuttosto che da una ripresa fatta a mano?

Cambiando genere di domanda, che senso ha sfruttare le riprese aeree di un drone se sto a un metro dal soggetto, salvo poi tornare su di lui con la camera a terra, magari con risoluzioni ed esposizioni diverse, così da garantire un terribile mix di colori e profondità di campo, ottimi per non avere continuità visiva e disorientare lo spettatore.

A questa serie di domande, credo tu abbia già la risposta.

SIAMO CREATIVI

- Sfrutta l'ambiente, vedi cosa ha da offrire per inquadrature di quinta particolari.
- Apri l'apertura, riduci la profondità di campo e tieni degli oggetti davanti alla lente per giochi di luce e rifrazioni originali.
- Prevedi i momenti e fatti trovare pronto.
- Se pensi stia per succedere qualcosa, manda in Rec. Preventivamente.
- Tieni sempre almeno una batteria di ricambio in tasca.

- Controlla sempre che la camera stia registrando dopo aver premuto il rec, e che il microfono sia veramente acceso.
- I monitor esterni aiutano nella messa a fuoco precisa, nell'esposizione e a vedere del flickering.
- I Filtri ND sono amici, usali.
- Esistono tanti tipi di filtri creativi per creare effetti che altrimenti faresti in post-produzione, sperimenta e sceglili con cura se pensi che possano giovare al tuo stile.
- Guarda il lavoro degli altri come ispirazione e non come invidia, seleziona ciò che a te piace di più e usalo per creare uno stile tutto tuo.
- Dai il giusto tempo alle cose, prenditi dei momenti per ricaricare la creatività, che siano ore o giorni, non importa. È necessario per ricaricare una mente creativa costantemente impegnata a trovare nuove forme di espressione.
- Valuta l'attrezzatura per ciò che serve a te. Non è detto che l'ultima camera, l'ultima lente o l'ultimo drone uscito del mercato sia perfetto per te. È più importante l'operatore della camera stessa. Se poi ti rendi conto di essere arrivato ad un limite tecnico, allora valuta un upgrade.
- Prenditi del tempo per sperimentare il tuo tipo di ripresa e lavora sul tuo approccio con il cliente. Venditi per quello che vali e non lasciare che siano gli altri a dettare il tuo valore.
  Se dopo dieci anni sai montare un video in tre giorni, il cliente deve pagarti per i tuoi dieci anni di esperienza.

Non so se l'abbia mai detto nessuno, personalmente non l'avevo mai sentito e non mi stancherò mai di dirlo; il video è l'unica cosa che ti mostra cosa c'è prima e dopo una foto. È l'unica arte a poterti catapultare dentro una storia, a farti rivivere un determinato momento, a farti vedere come erano le persone in quel frangente ed è capace di farti riassaporare sempre le stesse emozioni ad ogni pressione del tasto "Play".

Il mondo video non è semplice all'inizio e non è vero che non esistono fotografi videomaker. Al mondo esiste tutto, bisogna solo avere l'attitudine ad avere la mente aperta, ad aver voglia di mettere in gioco ciò che già si sa per qualcosa di apparentemente diverso.

Ti sarai reso conto che il video può avere tante regole da sapere, ma bisogna conoscerle per capire come infrangerle.

In questa piccola guida ho cercato di accompagnarti dall'inizio alla fine, con nozioni semplici e immediatamente applicabili. Nozioni base di fotografia all'inizio, quelle della triade, dell'esposizione, delle informazioni di focali, sensori, le regole primarie, quelle che servono per poi virare al mondo video. Da qui un nuovo inizio, con i fotogrammi, le angolazioni, i linguaggi delle inquadrature, fino ad arrivare ai miei pensieri e tecniche personali sul mondo del wedding video.

Ho detto che ti ho accompagnato dall'inizio alla fine, ma la fine non è che il tuo nuovo inizio, con la consapevolezza di avere nuove informazioni in più oppure la conferma di aver dato un ordine a dottrine che già sapevi

Mi chiamo Alexander de Pisa, classe 85, amante della cultura pop e (molto) nerd.

Amo la musica, film, videogiochi, lo sport e di professione sono un videomaker.

Ufficialmente dal 2013, ma credo di aver iniziato inconsapevolmente a fare della regia quando ai tempi del mmorpg Dark Age of Camelot filmavo delle scenette con i miei compagni di gioco e creavo delle mini-clip divertenti. Tutti sapevano filmare le loro giocate e metterle online (anche se non esisteva twitch) su un appena conosciuto Youtube, in pochi avevano la pazienza e la fantasia di creare delle storie con i personaggi di un videogame. Successivamente feci la stessa cosa con le mie uscite in motocicletta. Anche qui, le gopro erano appena nate, tutti sapevano filmare le loro pieghe e penne, quasi nessuno creava dei veri e propri corti a tema due ruote.

Da qui la voglia di spingermi sempre oltre, dapprima con la fotografia per cercare di dare un ordine alle tante informazioni nella mia testa, per poi tornare al mondo video e iniziare un percorso di studi che mi ha portato sulla carta ad essere un editor (Operatore di ripresa e montaggio).

Quando vendetti la mia Harley Davidson, ebbi abbastanza capitale per comprarmi un po' di attrezzatura interessante ed iscrivermi all'accademia.

Tante masterclass, corti più o meno riusciti, l'amore e odio per il settore dei video commerciali che abbandonai quasi subito, infine la voglia di portare un tocco di pazzia e tecnica nel mondo dei video matrimoniali.

Oggi mi cimento nei Wedding Video poco ordinari, nei video musicali e nelle lezioni private di Videografia.

Dalla passione è nato un lavoro e certe volte penso "quando il giochino si romperà, smetterò di farlo".

Ogni anno mi ripeto che sarà l'ultimo, perché la mole di stress ogni volta è tanta, ma poi ogni singolo fotogramma che dà vita alla mia idea, mi fa cambiare idea.

Il video è un metodo di comunicazione, per me è un modo di lasciare un segno del nostro passaggio.

Alexander de Pisa

NOTE

NOTE

L'idea di insegnare ciò che col tempo ho appreso mi è sempre piaciuta. Videolezioni? Troppo lungo.

Di persona ad una platea? Difficile organizzarla.

Lezioni private? Costose per un singolo studente.

Allora ho creato questa piccola guida, immediatamente consultabile.

Partendo dalla primissima base, quella della triade fotografica (iso, tempi otturatore e apertura diaframma), fino ad arrivare alle regole del video, alle angolazioni camera, alle inquadrature, alla comunicazione visiva, alla grammatica filmica, i bitrate, ecc.

Doveva essere una guida veloce, una serie di nozioni facili e immediate, scritte per chi vuole fare video ma non ha mai preso in mano una macchina fotografica.

Lentamente ha preso forma una guida che, nel suo essere essenziale, spiega immediatamente dei concetti basilari che possono e devono essere applicati immediatamente alla pratica.

In questo mondo, teoria e pratica si fondono, dove un concetto spiegato in poche righe può essere immediatamente messo all'opera.